Gütersloher Verlagshaus. Dem Leben vertrauen

Michael Felten

Auf die Lehrer kommt es an!

Für eine Rückkehr der Pädagogik in die Schule

Gütersloher Verlagshaus

Bibliografische Information der Deutschen Nationalbibliothek
Die Deutsche Nationalbibliothek verzeichnet diese Publikation in der
Deutschen Nationalbibliografie; detaillierte bibliografische Daten sind im
Internet über http://dnb.d-nb.de abrufbar.

Verlagsgruppe Random House FSC-DEU-0100
Das für dieses Buch verwendete FSC-zertifizierte Papier
Munken Premium Cream liefert Arctic Paper Munkedals AB, Schweden

2., überarbeitete und gekürzte Auflage, 2011
Copyright © 2010 by Gütersloher Verlagshaus, Gütersloh,
in der Verlagsgruppe Random House GmbH, München

Dieses Werk einschließlich aller seiner Teile ist urheberrechtlich geschützt.
Jede Verwertung außerhalb der engen Grenzen des Urheberrechtsgesetzes ist
ohne Zustimmung des Verlages unzulässig und strafbar. Das gilt insbesondere
für Vervielfältigungen, Übersetzungen, Mikroverfilmungen und die Einspeicherung und Verarbeitung in elektronischen Systemen.

Umschlagabbildung: Paul Klee »Kind und Tante«, 1937, 149, Ölfarbe auf
Grundierung auf Jute 72,3 x 52,7 cm
Druck und Einband: CPI – Ebner & Spiegel, Ulm
Printed in Germany
ISBN 978-3-579-06882-4
www.gtvh.de

Aber die verdammten Bildungsreformer, diese Landplage, wollen die Lehrer abschaffen; die würden ja selbst Einstein nach Hause schicken, weil es undemokratisch ist, sich von Einstein Physik erklären zu lassen, so von oben herab.
HARALD MARTENSTEIN

Foto: © Michael Euler-Ott, Köln

Michael Felten, geboren 1951, ist verheiratet und hat eine Tochter. Er arbeitet seit 28 Jahren als Gymnasiallehrer für Mathematik und Kunst in Köln. Darüber hinaus ist er Autor von Unterrichtsmaterialien und Präventionsmedien, Erziehungsratgebern sowie pädagogischen Essays in Presse und Rundfunk. Dabei geht es ihm darum, die Praxiserfahrungen in der Schule mit aktuellen Weiterentwicklungen in Fachdidaktik und Erziehungswissenschaft abzugleichen und ihnen in der öffentlichen Bildungsdebatte mehr Gehör zu verschaffen.

Zu seinen Veröffentlichungen zählen: »Kinder wollen etwas leisten« (2000), »Neue Mythen in der Pädagogik – Warum eine gute Schule nicht nur Spaß machen kann« (2001) sowie »Schule besser meistern – Kinder herausfordern und ermutigen« (2006).

Seine eigene Website zu pädagogischen Themen:
www.eltern-lehrer-fragen.de

Inhalt

Vorbemerkung 8

Prolog: Menschen, nicht Strukturen! 9

1. Pädagogisch: Das Führen beleben 21

 ▶ Das Schwächeln der Pädagogik im Jahrhundert des Kindes 23
 ▶ Was Schüler wirklich wollen 28
 ▶ Der gute Lehrer: Keine Angst vor Ansprüchen! 35

2. Methodisch: Auf das Wesentliche besinnen 48

 ▶ Bildungsexperimente, oder: Die Logik des Misslingens 52
 ▶ Die empirische Wende, oder: Das Erwachen der Vernunft 58
 ▶ Lob der Lehrersteuerung 66

3. Psychologisch: Um Verstehen bemühen 105

 ▶ Unterricht – ein wenig beackertes Beziehungsfeld 108
 ▶ Tag für Tag: Die richtige Stimmung machen 113
 ▶ Von Fall zu Fall: Störungen mit Gewinn überwinden 134
 ▶ Auch die Eltern erziehen? 152

Epilog: Was ist schulpädagogischer Eros? 165

Literatur 176

Vorbemerkung

Die Gleichwertigkeit weiblicher und männlicher Lehrender wie Lernender ist für den Autor über jeden Zweifel erhaben. Deshalb möchte er sie auch nicht ständig betonen und verzichtet auf die im Bildungsjargon üblich gewordene, gleichwohl schwer erträgliche Textaufblähung – auch, um nicht von den eigentlichen Bildungsfragen abzulenken. Denn in diesem Buch ist 1591 mal von Lehrern und 1195 mal von Schülern die Rede; die jeweils explizite Erwähnung beider Geschlechter hätte das Buch um etwa 11 Seiten anschwellen lassen – ohne größeren Erkenntnisgewinn.

Das Ganze ist das Unwahre.
Theodor W. Adorno

Prolog:
Menschen, nicht Strukturen!

Hundert entschlossene und tatkräftige Menschen, sagte man früher, könnten eine Revolution auslösen. Nun, manchmal genügen auch weniger. In Schweden haben kürzlich acht Lehrer gezeigt, worauf es in der Schule wirklich ankommt – und die dort gemachten Erfahrungen könnten auch unsere Bildungsdebatte tiefgreifend umwälzen, sofern denn alles mit rechten Dingen zugeht.

Auch im Land der Schären steht bildungsmäßig nicht alles zum Besten. Schwedische Achtklässler können heute nur noch so viel wie Siebtklässler vor zehn Jahren, die jüngste PISA-Studie offenbarte einen Leistungseinbruch bei Fünfzehnjährigen, Lehrer klagen über wachsende Disziplinlosigkeit. Gleichwohl konnte eine schwedische Zeitung eine Ausnahme ausfindig machen: Der Mathematiklehrer Louca gewann mit seinen Klassen regelmäßig bei internationalen Mathewettbewerben, mit Schülern, von denen man das ansonsten nicht erwartet hätte. Da kam dem Fernsehproduzenten *Thomas Axelsohn* eine Idee: Was würde eigentlich passieren, wenn man einmal die besten Lehrer des Landes zusammentrommeln – und sie gemeinsam auf eine schwierige Klasse losließe? Und könnte ein Dokumentarfilm darüber nicht eine wichtige Debatte über die nationale Bildungsmisere anstoßen?

Landesweit konnten sich nun Lehrer bewerben, die besten acht wurden ausgewählt und übernahmen für sechs Monate den kompletten Unterricht der 9A an der Johanneskola, einer Gesamtschule in Malmö. Viele Schüler dieser Abschlussklasse hatten sich schon lange aufgegeben, teilweise erschienen sie gar nicht mehr zum Unterricht. In einer Mischung aus Zugewandtheit und Zutrauen, Respekt und Autorität – und weitgehend ohne Strafen – versuchten die Lehrer, den Neuntklässlern den Glauben daran wiederzugeben, dass sie erfolgreich lernen könnten. Mathelehrer Louca etwa stellte sich den Schülern mit folgenden Worten vor: »Ich bin sehr nett, aber gleichzeitig auch sehr anspruchsvoll. Wenn ihr mich auf eine Tasse Kaffee einladet, kriegt ihr von mir drei zurück. Wenn ihr aber schwierig seid, bin ich dreimal so schwierig. Also, es liegt an euch.« Nach einem halben Jahr musste sich die Klasse den üblichen nationalen Vergleichstests stellen – und schnitt glänzend ab: Landesweit erster Platz in Mathe, Vierter in Schwedisch, überdurchschnittlich in Englisch. Gute Lehrer in Schweden werden seitdem auch schon 'mal »9A-Lehrer« genannt. Die Rechnung ging übrigens auch für den TV-Produzenten auf: 1,2 Millionen Schweden hatten Woche für Woche die dreizehnteilige Serie verfolgt – ein Quotenhit. Alt sahen dagegen die Vorabkritiker der Bildungsdoku aus: Lehrer, Gewerkschafter und Politiker waren nämlich vorab Sturm gegen den Schulversuch gelaufen!

Da ist er, der Ausweg aus der »Concorde-Falle« *(Robert Reichenbach)*, diesem Verharren in längst als gescheitert empfundenen Bildungsreformen! Gute Lehrer können anscheinend schier Unmögliches bewirken; sie können negative Entwicklungen nicht nur stoppen, sondern in ungeahntem Ausmaß wenden. Ihre Methode klingt einleuchtend, hat es aber in sich: Sie traten den Schülern mit viel Respekt und Verständnis entgegen, glaubten an deren Entwicklungsfähigkeit, gönnten ihnen anspruchsvollen Unterricht und bereiteten sie tatkräftig auf die Abschlussprüfungen vor. Anscheinend kommt es auf die Menschen an, nicht auf die Strukturen!

Erstaunlich allerdings, dass das Experiment von Malmö in der hiesigen Bildungsdiskussion kaum aufgegriffen wurde – Reformpädagogen jedweder Couleur verweisen ansonsten nur allzu gerne gen Norden! Gerade einmal zwei Radiobeiträge von *Dieter*

Wulf, einem Wirtschaftsberater (!), der die Sache für erwähnenswert hielt; das war's aber auch schon! Leider kein Einzelfall – auch andere Beispiele, an denen sich die Kraft des guten Lehrers zeigt, führen ein mediales Schattendasein. Etwa die amerikanischen KIPP-Schulen (knowledge is power program): Unterschichtskinder aus den Vorstadt-Ghettos lernen hier unter strengen Schulregeln, ackern sich durch dickste Aufgabenpakete, und bestehen dann standardisierte Tests doppelt so häufig wie der Landesdurchschnitt. Sie können sich allerdings auch jederzeit an ihre Lehrer wenden, sieben Tage die Woche, rund um die Uhr. Nun, vielleicht ist die weitgehende Ausblendung solcher Fälle kein Wunder: Eine Rehabilitation der Lehrerpersönlichkeit würde nämlich manch' modernen Debattenzopf abschneiden, manch' wohlklingendes Reformpapier in die pädagogische Rumpelkammer befördern.

Von alten Zöpfen

Etwa das Strukturlamento: Seit Jahren versuchen die Lobbyisten der Gesamtschule – neuerdings auch Gemeinschaftsschule genannt – den Eindruck festzuschreiben, nur der gemeinsame Unterricht könne die Leistungsfähigkeit der Kinder steigern und ihr Sozialverhalten verbessern – schließlich hätten die PISA-Sieger doch auch »eine Schule für alle«. Derlei Parolen fanden immer wieder gerne Gehör, bei Schulpolitikern ebenso wie bei Bildungsjournalisten – anscheinend hat der Gedanke des Einheitlichen etwas geradezu Anheimelndes. Dabei hatten die PISA-Forscher selbst regelmäßig darauf hingewiesen, dass nicht die Strukturen über schulische Qualität entscheiden, sondern die Güte des Unterrichts. Ein ehemaliger Gesamtschulleiter hatte seinen beruflichen Rückblick gar unter dem Titel publiziert: »Warum ich meine Kinder heute nicht mehr auf eine integrierte Gesamtschule schicken würde«. Und der renommierte Schulforscher *Helmut Fend* musste kürzlich seine eigene Forschung »überrascht und enttäuscht« wie folgt bilanzieren: »Die Gesamtschule schafft unterm Strich nicht mehr Bildungsgerechtigkeit als die Schulen des gegliederten Schulsystems.« Deshalb ist auch die aktuelle Formel »länger gemeinsam lernen« in ihren Verheißungen irreführend: Es gibt einfach kein bestes Schulsystem – nur guten oder schlechten Unterricht. Andere Länder mit integrierten Schulsystemen haben übrigens nur scheinbar Einheitsschulen: So gehen in Schweden zwar 95 % eines Schülerjahrgangs auf ein Gymnasium, aber diese untergliedern sich nach 17 verschiedenen Profilen – von dem, was hierzulande eine Brennpunkt-Hauptschule ist, bis zum Elitegymnasium! De facto besteht die derzeitige Attraktivität unserer Gesamtschulen wohl vor allem darin, dass die Kinder dort ganztägig betreut sind – und ein ganzes Jahr mehr Zeit bis zum Abitur haben.

Irreführend ist auch das Selbstständigkeitsgetue: Kultusbehörden erklären Schulen neuerdings gerne zu Zonen der Selbständigkeit – um administrative Kosten zu reduzieren, um Verantwortung für Schulexperimente von sich abzuschieben, um dem Unmut über zu große Klassen zu entgehen, oder aus welchen Gründen auch immer. Die Verheißung von Autonomie schmeichelt zunächst der antihierarchischen Sehnsucht naiver Gemüter; alsbald indes dürfen die Kollegen ihre Nachmittage damit verbringen, in Arbeitsgruppen Schulprogramme zu formulieren, die nachher in der Schublade verschwinden, oder mit den kommunalen Schulträgern über Renovierungsfragen und Finanzengpässe zu rangeln. Zeit, die ihnen natürlich fehlt für ruhige Gespräche mit Schülern, sorgfältige Beratungen von Eltern, gründliches Planen der einzelnen Unterrichtsstunden – oder auch für kulturelle Aktivitäten. Selbst die Hoffnung auf Befreiung von der Aufsichtsbehörde wird enttäuscht: Schließlich will überprüft sein, ob das selbstständige Schultreiben auch die richtige Richtung nimmt – die neue Offenheit der Umstände erfordert eben eine neue Kontrolliertheit der Zustände. Also reisen Schulinspektionsteams durchs Land (Lehrer-O-Ton: »Die Qualitätsfuzzis kommen!«), verweilen in jeder Schule drei Tage, besichtigen jeden Lehrer für 20 Minuten, machen tausend Kreuzchen in dicke Evaluationsbögen – und empfehlen der Schule hernach nicht selten »Organisationsentwicklung«. Das Skurrile bei dieser Prozedur: Nicht wenige Lehrer führen hierbei, obwohl unkündbar veramtet, potemkinschen Unterricht vor, extrem aufwändige oder überwiegend eigenverantwortliche Arbeitsformen etwa, die im Alltag kaum funktionieren würden – so groß der Konformismus *(Brecht* sprach von »Hofintelligenz«*)*, so gering das berufliche Selbstbewusstsein.

Überhaupt der Messwahn: Grundsätzlich spricht ja nichts dagegen, Bildungsprozesse besser zu überprüfen, das Geschehen im Klassenzimmer nicht in Gänze dem Belieben des einzelnen Lehrers zu überlassen. Wenn aber aus PISA-Studien nur solche Konsequenzen gezogen werden, die bezahlbar oder politisch gewollt oder wirtschaftlich erwünscht sind; wenn in der Folge nur noch genau das unterrichtet, ja gepaukt wird, was Lernstandsmessungen abfragen werden (Wer will schon schlechter abschneiden als die in Sachen Anmeldequote konkurrierende Vergleichsschule nebenan?); wenn banale schulinterne Befragungen (»Glaubst du, dass Sitzenbleiben hilfreich ist?«) als Scheinlegitimation für neue Schulversuche missbraucht werden; dann feiert eine neue Gläubigkeit fröhliche Urständ': Evaluation als sakrosankte Steuerungsform. Ganz abgesehen davon, dass das neuerdings allenthalben etablierte Testen (noch ein Lehrer-O-Ton: »Evaluationsorgien«) nur die Spitze eines Eisbergs ist. Die »Invasion der Kennziffern« in das Schulische öffnet den Bildungssektor mehr und mehr auch für unpädagogische Erwägungen – nicht zuletzt für die wirtschaftlichen Interessen nationaler oder gar global operierender Testindustrien und Medienkonzerne *(Kraus, Jahnke, Krautz)*.

Zumindest ein Fragezeichen verdient auch die jüngst wieder aufgeflammte Überzeugung, in originellen Schulbauten lerne es sich besser. Keine Frage: Lerngebäude, in denen die Wasserhähne nicht funktionieren, dafür die Fenster im Winter nicht schließen, in denen noch nicht einmal genügend Platz für die Mäntel der Kinder ist, geschweige denn für wechselnde Arbeitsformen, sind ein Armutszeugnis. Solche »Bruchbuden des Lernens« signalisieren der Jugend eine Geringschätzung ihres »Berufes« – und dem Außenstehenden eine Unterschätzung der gesellschaftlichen Ressource Bildung. Ob Schulen aber durch fantasievolle Ornamentik und den Verzicht auf rechte Winkel qualitätvoller werden, ob das Architektonische wirklich als »dritter Pädagoge« wirkt, darf bezweifelt werden. Noch in den kahlsten Klassenzimmern sind Schüler nämlich vor allem dann beglückt, wenn es ihnen gelungen ist, eine – eigentlich stinknormale – quadratische Gleichung erfolgreich zu lösen.

Die personale Wende

Dass junge Menschen belastbare fachliche Kompetenzen erwerben, dass sich ihr Weltbewusstsein weitet, dass sie zu gesellschaftlicher Teilhabe fähig werden – damit genau das möglichst oft auch Kindern aus bildungsferneren Schichten gelingt, dazu braucht der gemeine Lehrer aber vor allem eines: nicht ständig neue Entwicklungsvereinbarungen oder endlose Strukturdebatten, sondern Ruhe und Unterstützung in seinem Unterrichtsalltag; im beständigen Ringen um Motivation und Nachhaltigkeit, bei der täglichen Gratwanderung zwischen Über- und Unterforderung seiner vielen individualisierten Schüler. Wie wird der Fachunterricht wirksamer, wie mache ich bockigen Schülern Mut, wie meistere ich schwierige Unterrichtssituationen, wie fördere ich Spitzenschüler wirklich? Nicht sonderlich spannend sind die Angebote der »Firmenleitung« dazu: Der Schulleiter etwa solle besonders viel Energie und Aufmerksamkeit für »Gespräche und Diskussionen mit Lehrerinnen und Lehrern, Schülerinnen und Schülern und Eltern über die Ziele für die Entwicklung des Systems Schule« verwenden. Wortgewaltig, aber hohl – als ob es vorrangig aufs System ankomme! Oder die Inspektoren: Sie sollen alles genau ansehen, die Klassenbücher, fast jeden Lehrer – aber mit niemand reden, nur keinem helfen, das erledige die Schule dann selbst, als »lernendes Unternehmen«. Hauptsache, es bewegt sich 'was – denke nur keiner, die Behörden seien untätig.

Dass Bildung nach PISA ein gesellschaftliches Megathema geworden ist, war durchaus begrüßenswert – allzu lange hatte man diesen gesellschaftlichen Sektor vernachlässigt. Aber die Debatte hat eine ungünstige Wendung genommen, sie braucht dringend Belüftung. Schule und Unterricht werden zunehmend mechanistisch verstanden, als ein Gebiet von Daten und Prozessen, auf dem bei geeigneter Justierung der Variablen alles machbar, ökonomisch optimal kalkulierbar und auch politisch kontrollierbar scheint. Was indes bei der Veränderung von Unternehmensstrukturen seinen Sinn haben mag, darf man nicht unkritisch auf die Schulpädagogik übertragen: Bildung vermitteln ist etwas anderes als Waren zu produzieren, Kinder sind keine Rohstoffe. Wer also betriebswirtschaftliche Theoriebestandteile zum Maßstab für schulpädagogische Veränderungen macht, irrt nicht nur organisationstheoretisch, sondern handelt auch in normativer Hinsicht fragwürdig. In der Schuldebatte geht es mittlerweile zu sehr ums Verwalten und Verdienen – und zu wenig ums Vermitteln und Verstehen! Die entscheidenden Defizite unserer Schulen liegen nicht in Rahmenbedingungen oder Strukturen, sondern in den Beziehungen – genauer gesagt: in einer Verunsicherung im Pädagogischen sowie einer Vernachlässigung des Psychologischen. Wie formulierte es kürzlich ein junger Leserbriefschreiber in der ZEIT: »Ich als Schüler behaupte, dass die Lehrer der entscheidende Faktor für eine gelungene Bildungspolitik sind.«

Ein Klassenzimmer ist eben zunächst einmal eine Sphäre des Beziehungshaften, das Unterrichten primär eine Angelegenheit zwischen Menschen. Der Bauer, der Facharbeiter, die Verkäuferin, die Programmiererin – sie alle beschäftigen sich in erster Linie mit objekthafter Materie: mit der Pflege des Bodens, der Justierung mechanischer Apparate, der Präsentation von Wurst oder Kuchen, dem Entwurf neuer Benutzeroberflächen. Arzt oder Rechtsanwalt indes haben vorrangig mit Subjekten zu tun, der Lehrer zudem mit noch reifenden. Deshalb ist Schule so entscheidend dadurch geprägt, wie der Lehrer das Verhältnis zwischen ihm und seinen menschlichen »Objekten« sieht und gestaltet. Alles bildende und erzieherische Wollen muss er schließlich durch persönliche Vermittlung, also über die zwischenmenschliche Beziehung transportieren. Und deshalb wird ein stets ärgerlicher Gesamtschullehrer in seinen Fördereffekten ebenso bescheiden abschneiden wie ein dünkelhafter Studienrat am Gymnasium, ein engagierter Hauptschullehrer dagegen bei seinen Schülern manch' pädagogisches Wunder zustande bringen. Dreh- und Angelpunkt schulischer Bildungsarbeit kann deshalb nur der Mensch sein – einer, der das zu vermittelnde Wissen mit Bedeutsamkeit und Ernst verkörpert und die Auseinandersetzung damit inszeniert und einfordert. Dazu braucht es aber eine andere Professionalität als die neuerdings postulierte des kühlen Lernmanagers – und vor allem personale Zeit und Zuwendung, Kraft und Menschenkenntnis. Die pädagogische Situation, sie bleibt eben etwas ganz Anderes als die zunehmende Schnelllebigkeit unserer Erwachsenenwelt.

Gegen die sich ausbreitende Neigung zu pädagogischer Deregulierung will dieses Buch zu einer dreifachen Wiederbesinnung auf die Kraft des Lehrers – und damit auf die Bedeutsamkeit des Erwachsenen in der Bildungsfrage – anregen:

▶ Der Lehrer ist derjenige, der eine *Lerngruppe selbstbewusst und zugewandt führen* muss – dazu braucht es aber mehr als gute Arbeitsblätter und einen Laptopwagen.
▶ Der Lehrer ist derjenige, der *Lernprozesse sinnvoll arrangieren und steuern* muss – offene Arbeitsformen dagegen sind nur in wohldefinierten Situationen lernwirksam.

▶ Der Lehrer ist derjenige, der *Lernschwierigkeiten auflösen* kann – nicht durch Ermäßigung in den Anforderungen, sondern durch professionellen Einblick in die Schülerpsyche, im Rahmen einer herzlich-haltenden Beziehung.

Dieses Buch möchte also einen entschieden anti-antipädagogischen Akzent setzen, es möchte insbesondere vor der offenen Flanke der Selbstlerneuphorie warnen, und es möchte das verbreitete Beziehungsdunkel der Lehrer-Schüler-Beziehung erhellen. Die Schule braucht eine neue Hinwendung zum Pädagogischen – zu Führungsfreude ebenso wie zu Einfühlsamkeit.

Rehabilitierung des Pädagogischen, das ist eine optimistische Gegenoffensive zu den strukturellen wie technokratischen Sackgassen der Bildungsdebatte. Allerdings bedeutet dies keineswegs einen Kontrapunkt zu schulischer Leistungsethik. Diese mag zwar derzeit (nach jahrzehntelanger Tabuisierung) gelegentlich überborden; tatsächlich aber wollen Kinder auch gerne herausgefordert werden. Ins Blickfeld gerückt werden soll dagegen, dass es beim Lernen und Leisten vor allem auf die Beziehungskompetenz des Lehrers ankommt. Darauf, dass er eine Klasse souverän und zugleich motivierend leiten kann; dass er die Kompetenzen seiner Schüler nachhaltig mehren kann, ohne sich im Methodenwust zu verlieren; dass er ihre Lernschwierigkeiten verstehen und ihnen bei deren Überwindung helfen kann. Eine hochkomplexe Tätigkeit, wie schon der ehrwürdige Begriff ›Schulmeister‹ deutlich machte.

Auf die Lehrer kommt es an! Diese Losung besagt keineswegs, dass der Lehrer für Lernerfolge oder Minderleistungen alleinverantwortlich ist – sie unterstreicht aber seinen Einfluss, und sie entzieht jeder Hoffnung auf Erlösung durch Systemwechsel den Boden. Insofern betreibt dieses Buch keine Neuerfindung des Rades – eher eine Vergewisserung dessen, dass Räder rund sein müssen, wenn sie gut rollen sollen. Es ist gemeint als eindringliches Plädoyer eines Praktikers: für ein un-verschämtes Besinnen auf Pädagogik, für ein selbst-bewusstes Beurteilen des Methodischen und für ein tiefergehendes Bemühen um Psychologie in der Schule. Keineswegs also ein Votum für plumpe Disziplinpädagogik – wohl aber für feinfühlige Bindungsbildung. Auch keine Rezeptsammlung für die Unterrichtsplanung – wohl aber ein Maßstab, mit dem sich methodische Spreu und Weizen voneinander trennen lassen. Für euphorische Berufseinsteiger mag es eine überraschende Orientierung sein, für engagierte Routiniers eine wohltuende Bestätigung – und für unverschuldet Amtsverdrossene die überfällige Rehabilitierung.

Zwangsläufig geht damit auch an Lehrerausbildung und Bildungspolitik eine ernste Mahnung. Nicht um jeden Preis »Die Schule neu denken« (*Hartmut von Hentig*) darf die Devise sein, sondern forschungsbasiert »Schule richtig denken« – so der bayerische Gymnasiallehrer *Hans Maier* in seinem Buch »Tatort Gymnasium«. Das aber würde heute bedeuten: Vordergründigen Reformaktionismus stoppen, die personelle Ausstattung der Schulen erheblich verbessern, die psychologische Qualifizierung der Lehrer ausweiten. Dies würde Raum geben für eine wirkliche Bildungswende. Der Alltag des Lehrers wäre dabei weiterhin anspruchsvoll – aber nicht länger auslaugend, sondern aufbauend. Es geht also auch um Geld, um viel Geld. Aber gleichzeitig geht es um's Bewusstsein – um das richtige Bewusstsein.

Die folgenden Überlegungen entstammen der Perspektive eines Lehrers, der Zehn- bis Fünfzehnjährige in Mathematik und Kunst unterrichtet. Ach, nur ein Praktiker? Nun, hinter den Stimmen aus der Praxis steckt nicht weniger als die Kraft des Faktischen. Was erfahrene Lehrer von Bildungsjournalisten und Bildungsprofessoren unterscheidet, ist ihr solides Wissen um das Erfreuliche, Problematische und Mögliche in der Schule, quasi aus erster Hand, nicht von einzelnen goodwill-Besuchen oder Internetrecherchen. Auch in Sachen Pädagogik gilt es, sich zu emanzipieren - von der, wie Peter Sloterdijk treffend formulierte, »Sphäre der vorgesagten und nachgeredeten Meinungen«.

Leuchtturmwärter

Sofort geht es mir irgendwie besser. Mein Wohnort liegt schon hinter mir und jetzt trete ich kräftig in die Pedale. Eben noch die Aufbruchshektik nach dem Frühstück, ein letztes Prüfen der Tasche, der Griff nach der Luftpumpe. Aber jetzt bin ich draußen. Der Weg führt zum Fluss hinunter, nur wenige Frachtschiffe sind um diese Zeit bereits unterwegs, zwei, drei Jogger kommen mir entgegen, ein Radler überholt mich zügig. Mein Schulweg ist zwar weit, aber diese ersten 20 Minuten auf dem Rad, diese bewegte Ruhe, dieser freie Blick, das stets andere Licht, das entschädigt für einiges. Manchmal denke ich, ein Leuchtturmwärter auf dem Weg zur Arbeit, auf Amrum oder in Domburg, der müsste sich ähnlich fühlen.

Apropos Leuchtturm, das ist überhaupt die Idee! Damit steige ich nachher in die Mathestunde der 9A ein. Wir haben ja gerade angefangen, uns mit rechtwinkligen Dreiecken zu beschäftigen, und gestern Abend schien mir, die Blickweite von der Aussichtsplattform der Kathedrale, das sei eine interessante Problemstellung. Aber wenn ich es recht bedenke: Um Köln herum ist es eigentlich häufig diesig, da geht so ein Blick vielleicht oft ins Leere. Dagegen Leuchtturm, das ist doch besser: Wie weit kann man wohl von einem Leuchtturm aus sehen? Im Frühjahr war ich ja auch mit der Klasse auf Borkum, da haben wir immerhin selbst am Fuß eines dieser mächtigen und hohen Türme gestanden. Also werden auch die größten Computerhocker und Handytippsen mit einer solchen Frage etwas anfangen können. Und da wir schöne Tage am Meer miteinander hatten, könnten sie durchaus Lust haben, sich innerlich ein wenig von ihren Wargames und SMS-Gewittern zu lösen.

Also, wie weit kann man wohl von einem Leuchtturm aus sehen? Das ist ein schöner Einstieg, der bietet sowohl Offenheit wie auch Tiefgang, von diesem Problem aus kann ich in den nächsten Wochen das ganze Thema schrittweise entfalten, rund um diese alte Formel von Pythagoras, die man, weil sie dem Alphabet ähnelt, so gut behalten kann, auch wenn man sie noch nicht oder nicht mehr versteht. Und wenn ich nicht mit der Regel anfange, sondern mit einem interessanten Phänomen und einer offenen Frage, noch keine Maße, keine Zeichnung, keine Vorgabe, dann können meine 26 Schätze nicht einfach etwas nachplappern oder sich gedankenlos einprägen, dann müssen sie anfangen zu grübeln, sich etwas vorstellen, eine Skizze anfertigen, Vermutungen über Rechenmöglichkeiten diskutieren. Und dann wären sie auf einem guten Weg; denn ich will ihnen ja mehr beibringen, als Zahlen in Formeln einzusetzen und auszurechnen, sie sollen ja lernen, logisch zu denken und mit mathematischen Problemen umzugehen.

Leuchtturm, das ist wirklich besser als Kölner Dom. Schon irre: Da überlegt man sich abends zuvor einen Aufhänger für das neue Thema: ein Problem, das motivierend ist, aber die Kinderköpfe nicht überfordert – und dennoch genügend Forschungspotenzial besitzt. Und dann kommt einem die zündende Idee erst morgens auf dem Rad zum Dienst. Es ist wie beim Spazierengehen: Da hat man über einem komplizierten Text gebrütet und kommt nicht recht weiter – aber sobald man ein paar Runden um den Block läuft, kommen einem gute Ideen. Man hat eben alles gründlich durchdacht, und sobald die Gedanken dann schweifen können, funkt's halt.

Ein guter Anfang, das ist mir jedenfalls immer wichtig, das durchdenke ich trotz aller Routine jedes Jahr recht gründlich. Ich halte es da gerne mit den japanischen Lehrern. Die waren bei PISA und den ganzen Studien ja verdammt erfolgreich, und jetzt meinen viele, das läge daran, dass es dort Gesamtschulen gibt. Ich habe mich 'mal ein bisschen schlau gemacht und ganz anderes festgestellt: Sie haben einfach nicht diesen Innovationsfloh wie wir im Ohr. »Jeden Tag etwas Neues wagen« – verführerische Reformcredos wie dieses streuen schulskeptische oder halbinformierte Journalisten hierzulande ja nur allzu gerne unters Volk. Die Erfolgsparole im Fernen Osten dagegen heißt *kaizen* – jedes Mal ein bisschen besser! Also ruhig das, was sich bewährt hat, beibehalten. Was wird dagegen heute in unserer Großbaustelle Schule nicht alles erneuert! Und kaum jemand prüft ernsthaft und gründlich nach, was von dem angeblich alten Krempel nicht doch sinnvoll war. Und ob manche der Neuigkeiten nicht nur bunt schillernde Seifenblasen sind – hübsch anzusehen, aber substanzlos!

Widerstand ist ein Geheimnis des Glücks.
ALICE WALKER

1.
Pädagogisch: Das Führen beleben

Weder Kommandeur noch Kumpel

Als *Albert Camus* für sein erzählerisches, dramaturgisches, philosophisches und publizistisches Gesamtwerk den *Literaturnobelpreis* zugesprochen bekam, musste er unwillkürlich an seinen ersten Lehrer in der algerischen Volksschule zurückdenken – und schrieb ihm kurze Zeit später in einem Brief:

> *»Ohne Sie, ohne Ihre liebevolle Hand, die Sie dem armen kleinen Kind, das ich war, gereicht haben, ohne Ihre Unterweisung und Ihr Beispiel wäre nichts von alledem geschehen. Ich mache um diese Art Ehrung nicht viel Aufhebens. Aber diese ist zumindest eine Gelegenheit, Ihnen zu sagen, was Sie für mich waren und noch immer sind, und um Ihnen zu versichern, dass Ihre Mühen, die Arbeit und die Großherzigkeit, die Sie eingesetzt haben, immer lebendig sind bei Ihrem kleinen Zöglinge, der trotz seines Alters nicht aufgehört hat, Ihr dankbarer Schüler zu sein. Ich umarme Sie von ganzem Herzen«*

Was mag das für ein Lehrer gewesen sein? Camus stark autobiografisch geprägter, unvollendet gebliebene Roman »Der erste Mensch« gibt dazu einige Anhaltspunkte. Demnach war Monsieur Bernard (so nennt Camus den Lehrer hier) ein Mann, den die Schüler zugleich fürchteten und verehrten. Wenn er mit fester

Stimme »In Zweierreihen aufstellen!« gebot, dann hatte das Durcheinander der Pause bald ein Ende; ebenso gutgelaunt wie streng überwachte er den anschließenden Marsch in die Klasse. Die Stunden bei ihm waren ständig interessant, »aus dem einfachen Grund, dass er seinen Beruf leidenschaftlich liebte«. Seine Methode habe darin bestanden, »im Betragen nichts durchgehen zu lassen, seinen Unterricht hingegen lebendig und amüsant zu machen«. Ein überraschender Griff ins Herbarium, geografische Vorführungen, Rechenwettbewerbe; dann wieder das offizielle Lesebuch, mit faszinierenden Erzählungen aus einem Land, in dem Wasser hart werden konnte und weiße Flocken vom Himmel fielen. So konnte der Lehrer sogar über die Fliegen triumphieren, die die Schüler bei Gewitterschwüle heftig ablenkten – weil sie sie so gern in ihren Tintenfässern versenkten.

Schule bei Monsieur Bertrand, das bot dem kleinen Albert nicht nur ein Entkommen aus der Enge des Familienlebens, es nährte in den Jungen auch den Hunger nach Entdeckung der Welt – und das in einer Atmosphäre bislang nicht erlebten Respekts: Hier »fühlten sie zum ersten Mal, dass sie existierten und Gegenstand höchster Achtung waren«. Der Lehrer beschränkte sich auch nicht auf den vorgeschriebenen Stoffkanon, er ließ sie an seinem Privatleben Anteil nehmen – und er machte aus seinen Vorstellungen über öffentliche Moral keinen Hehl.

Hatten die Schüler sich zu viele Verfehlungen zu Schulden kommen lassen, griff Monsieur Bertrand zur – auch damals schon verbotenen – körperlichen Züchtigung. Die Schläge schmerzten zwar, die Kinder nahmen sie allerdings ohne Bitterkeit hin. Denn fast alle wurden zuhause geschlagen, Prügel waren für sie etwas Normales. Und sie wussten genau, dass Monsieur Bernard nicht im Affekt handelte, sondern vollkommen unparteilich – »der Urteilsspruch traf mit herzhafter Gleichheit die Besten wie die Schlechtesten«.

Nach einigen Schuljahren hatte sich Albert als geeignet für das Lycèe erwiesen, das französische Gymnasium. Sein Lehrer überredete Mutter und Großmutter persönlich, dem zuzustimmen – die Familie hatte eigentlich darauf gesetzt, dass der Junge nun mitverdienen würde. Monsieur Bernard aber gab ihm und einigen Klassenkameraden kostenlose Zusatzstunden, und er begleitete die Schüler zur Aufnahmeprüfung. Schweren Herzens musste Albert schließlich Abschied nehmen von einem Lehrer, »dessen Herz alles wusste«: »Denn Monsieur Bernard (…) hatte in einem bestimmten Moment sein ganzes Gewicht als Mann eingesetzt, um das Schicksal dieses Kindes zu ändern, und er hatte es tatsächlich geändert.«

Das Schwächeln der Pädagogik im Jahrhundert des Kindes

Camus' erster Lehrer wirkt auf heutige Pädagogen in der Regel faszinierend – und auch ein wenig erschreckend. Diese Zugewandtheit und Fürsorge, aber auch die personale Bestimmtheit und methodische Unbekümmertheit – und dann seine Strenge, man ist versucht zu sagen: Gewalttätigkeit! Ein wenig ähneln solche Reaktionen dem, was man vor einigen Jahren nach dem Besuch des Films »Rhythm is it!« zu hören und zu sehen bekam. Er zeigt, wie Berliner Hauptschüler – ein zunächst schlaffer, aber umso schwatzhafterer Haufen – eine Choreografie zu Strawinskys Ballett »Sacre du printemps« einstudieren, für eine gemeinsame Aufführung mit den Berliner Philharmonikern. Man erlebt in Interviews und Probenszenen mit, wie die Jugendlichen sich nicht nur äußerlich aufrichten; es keimen auch Ansätze zu einem neuen Selbstbewusstsein. Diese konstruktive Grenzüberschreitung haben sie aber weniger der Musik zu verdanken als der Arbeit mit einem Tanzpädagogen, der gleichermaßen ermutigend wie streng auftritt. Und das beeindruckt gerade auch ›lockere‹ Lehrer: Viele besuchten den Film nämlich gemeinsam mit ihren Klassen – zwecks Begegnung mit klassischer Musik, als Anregung zu kreativem Tun, vielleicht aber auch als Legitimation eigener Führungswünsche.

Wir wissen heute, dass auf Prügelstrafe und Linealschläge verzichten sollte, wer Kindern und Jugendlichen einen sinnvollen Weg ins Leben ermöglichen möchte. Aber auch die freundliche Bestimmtheit, die man bei *Monsieur Bernard* und *Royston Maldoom* als pädagogische Grundhaltung mit unwillkürlicher Zustimmung beobachtet, ist vielen Lehrern unserer Tage abhanden gekommen. Hat man nicht oft schon Skrupel, auf dem Anfertigen der Hausaufgaben auch tatsächlich zu bestehen – vielleicht muss das arme Kind ja familiäre Wirren verkraften? Scheut man sich nicht selten, klar und unmissverständlich für Ruhe im Klassenzimmer zu sorgen – das pubertäre Austauschbedürfnis verdient doch schließlich auch Verständnis! Widerstrebt es einem nicht manchmal, eindeutig Position zu beziehen gegen Gewalt als Mittel pubertärer Konfliktlösung – die Kontrahenten müssten ihren Streit doch selbst in den Griff bekommen! Und zögert man nicht häufig, Schüler auch die eigene Meinung zum Thema wissen zu lassen – man könnte ihnen ja eine Sichtweise aufdrängen! Warum sind viele Lehrer heutzutage eigentlich so verunsichert in ihrer Rolle, warum sind sie eine nur flackernde Kerze, ein lediglich schwankender Wegweiser, kaum eine Ahnung ihrer Möglichkeiten?

Nun ist unserem Beruf eine gewisse Wirkungsskepsis ohnehin zu eigen: Ob Lehrerhandeln richtig oder falsch ist, lässt sich das nicht frühestens bei der nächsten Klassenarbeit, eigentlich aber erst im späteren Leben des Schülers beurteilen? Und wer wollte selbst dann mit Gewissheit sagen, welches Phänomen denn auf welche Ursache zurückzuführen ist? Man spricht deshalb auch von einer strukturellen Unschärfe des Lehrerhandelns. Ein guter Lehrer zu sein, das erfordert große innere Selbstgewissheit – und genau diese geriet im soeben zu Ende gegangenen »Jahrhundert des

Kindes« (*Ellen Key*) unter die Räder. Denn der grundsätzlich löbliche Gedanke des Kindgemäßen wurde von der Reformpädagogik in einem romantischen Sinne kurzgeschlossen und von den 68ern in politischer Hinsicht totalisiert. Das Ergebnis: eine generelle Diffusion der pädagogischen Beziehung und eine damit einhergehende Irritation der Erwachsenenrolle, zunächst und vor allem in der Schule.

Spätestens seit dem Ersten Weltkrieg hatte die traditionelle Schule mit dem Vorwurf zu kämpfen, sie nehme zu wenig Rücksicht auf die Interessen und die Befindlichkeit der Kinder und Jugendlichen. Die Kinder würden mit überholten oder nutzlosen Themen gelangweilt (»toter Stoff«) – stattdessen gelte es, Sachverhalte zu behandeln, die junge Menschen interessierten oder sich unmittelbar nutzen ließen. Auch seien die altertümlichen Unterrichtsmethoden ineffizient und würden jede Lust am Lernen nehmen (»Paukschule«) – statt Auswendiglernen und autoritärem Belehren seien Spaß, Selbsttätigkeit und Ganzheitlichkeit angesagt. Nach dem Wirtschaftswunder gingen die Achtundsechziger in Westdeutschland noch einen Schritt weiter: In ihrem sozialistisch-revolutionären Impetus glaubten sie, Lehrer als »Anpassungsagenten des bürgerlichen Systems« verächtlich machen zu müssen. Schüler dürften nicht länger an »Klassenschranken« wie Stoffkanons, Versetzungsordnungen oder Aufnahmeprüfungen scheitern, man müsse sie zu antikapitalistisch-kritischer Gesinnung erziehen und ihnen den Weg zu gesellschaftlicher Teilhabe erleichtern. Nicht zuletzt ergab sich im Zuge der allgemeinen Öffnung und Demokratisierung der Gesellschaft eine weitere Verunsicherung: Eltern erhielten mehr Mitspracherechte in schulischen Dingen, der Lehrer war nicht länger Alleingestalter der Bildungsarbeit.

Das Resultat war eine tiefgehende Irritation vieler Lehrer im Westen im Hinblick auf Selbstverständnis und Selbstwirksamkeit: Sollten sie die Kinder nun eigentlich an die Gesellschaft anpassen oder von dieser emanzipieren? Mussten sie begabte Schüler fortan vernachlässigen, die leistungsschwächeren dagegen um jeden Preis durchs Abitur bringen? Haben Erwachsene überhaupt das Recht, Kindern Orientierendes zu sagen? Wissen Heranwachsende nicht selbst am besten, was gut für sie ist? So bildete sich im letzten Drittel des 20. Jahrhunderts ein pädagogischer Zeitgeist heraus, der – was die Schule betrifft – in vierfacher Hinsicht irrte:

- in der zu weit gehenden Demokratisierung des Pädagogischen: die Generationsunterschiede gelte es möglichst zu verwischen, da Schüler sonst in eine minderwertige Rolle bzw. entmutigende Position gerieten – eine Art Gleichheitsfiktion.
- in der übertriebenen Autonomisierung des Kindes: auf pädagogische Anleitung gelte es weitgehend zu verzichten, da man die Schüler sonst in ihrer Selbsterfahrung und Eigenverantwortlichkeit beschneide – eine Art Selbstständigkeitsillusion.
- in der falsch verstandenen Liberalisierung des Pädagogischen: pädagogische Autorität gelte es tunlichst zu umgehen, Konflikte im Klassenzimmer seien unbedingt harmonisch zu regeln, da man sonst das kindliche Rückgrat verbiegen und die Grundlage für neuen Faschismus legen könne – eine Art Strengetabu.
- in der unverhältnismäßigen Fürsorglichkeit im Pädagogischen: die Mühen des schulischen Lernens gelte es möglichst angenehm zu gestalten (spielerische Lernformen, Verzicht auf anstrengendes Üben oder schlechte Noten) – eine Art schulische Verwöhnungsfalle.

»Ich weiß selbst am besten, was gut für mich ist«, »Spielerisch lernt sich's am besten« – solche »neuen Mythen in der Pädagogik« (*Felten*) haben das Prinzip Unterricht – also die organisierte Weitergabe kultureller Errungenschaften – enormen Verwerfungen unterzogen, mit gravierenden Folgen: In vielen Klassenzimmern ging es jahrelang vor allem laut und lahm zu, die Lernanstrengungen gingen zurück, die Unterrichtsstörungen nahmen zu. Der Jugendforscher *Thomas Ziehe* konstatierte eine förmliche »Entzauberung von Kanon, Aura und Askese«. Statt bedeutsame Fachinhalte zu lehren, sei die Lebensweltnähe zum Auswahlkriterium für Lernthemen geraten. Statt als Lehrer eine Haltung des Respekts zu erwarten, buhle man um ein partnerschaftliches Auskommen mit den jungen Menschen. Statt Zumutungen und Entbehrungen als unerlässliche Schritte zu entwickelten Fähigkeiten zu begreifen, orientiere man das Lernen verstärkt an momentaner Erfüllung und individueller Sinnhaftigkeit.

Analog zum Phänomen der Machtumkehr in vielen Eltern-Kind-Beziehungen (*Winterhoff*) ergab sich so beim Lehrerleitbild etwas ebenfalls Eigenartiges: das Distanzierungssyndrom. Während andere Berufe – ob Handwerker oder Facharbeiter, Arzt oder Wissenschaftler – sich zunächst am bisherigen Kenntnisstand der Profession orientieren, wollte der gute Lehrer neuerdings ganz anders sein als seine Vorgänger – höchstens ein Lehrer light, am liebsten nur noch Freund und Begleiter. Dieses berufliche Gegenbild wirkte zeitweise überhaupt nicht komisch, ja, es galt in weiten Schulkreisen als geradezu sakrosankt. Und der Lehrmittelindustrie – von *Hermann Giesecke* als »pädagogisch-industrieller Komplex« charakterisiert – wäre es sicher nicht unlieb gewesen, hätten die Lehrer es bereits damals geschafft, sich selbst abzuschaffen.

Nach der Wende schwappte diese berufliche Verunsicherung übrigens auch in die damals neuen Bundesländer. Heerscharen von Kultusbürokraten und Lehrerfortbildern beeilten sich – unterstützt durch eine Flut von Populär- und Fachmedien –, die neue Freiheit auch im Pädagogischen zu installieren. Dabei hatte die Lehrerschaft der DDR sich ja nicht nur – wohl oder übel – als verlängerter Arm der Einheitspartei verstanden, sondern meist auch als Pädagogen im besten Sinne: erklärend, verstehend, helfend, leitend. Insofern war es tragisch, dass mancher von ihnen sich in der ersten Nachwendezeit von Schülern als »Kommunistenschwein« titulieren lassen musste – aus individueller pubertärer

Überheblichkeit, durchmischt mit unterdrücktem gesellschaftlichem Freiheitssehnen.

Zwanzig Jahre brauchte es nach dem Mauerfall, bis auch Stimmen aus dem Westen wagten, einen nicht nur verdammenden Rückblick auf das DDR-Schulwesen zu werfen. So erinnerte *Jeannette Otto* jüngst in der ZEIT daran, dass Talentförderung (»das Beste für das Volk«) ebenso wie Unterstützung für Schwächere (»Keinen zurücklassen«) dort ganz selbstverständlich etabliert gewesen seien; dass Patenbrigaden, Ernteeinsätze und Ferienbetreuung den Schülern auch das Gefühl vermittelt hätten, ich werde gebraucht; dass dem Naturwissenschaftlichen stets ein Positivimage angehangen habe. Die BIJU-Studie fand denn auch 1991 bei östlichen Siebtklässlern in Mathematik, Physik und Biologie höhere Leistungen als bei ihren Alterskameraden in Nordrhein-Westfalen. Und in den letzten Jahren erwiesen sich »neue« Bundesländer bei PISA und IGLU gar als überraschende Spitzenreiter – das mutmaßliche Geheimrezept der Lehrer mit Ostbiografie: »Das Prinzip Leistung gilt hier immer noch. Disziplin wird bewertet. Schwache Schüler bekommen die Hilfe, die sie brauchen.«

Was Schüler wirklich wollen

Es scheint, als hätten sowohl die romantische wie auch die politisierte Pädagogik ihr »Objekt«, den Schüler, gehörig aus den Augen verloren, als könne die Schule nicht mehr zwischen Bedürfnis und Bedarf unterscheiden. Aber was wollen Schüler eigentlich von ihren Lehrern, was brauchen sie für ein gutes Vorankommen? Interessant sind Einschätzungen heutiger Erwachsener, die auf ihre frühere Schulzeit zurückblicken. So haben 2002 Mitarbeiter der ZEIT einmal zu Papier und unter die Leute gebracht, was Ihnen an ihren Lehrern gut gefallen habe – eine bunte Palette unterschiedlichster

Schulerinnerungen, unter dem Titel »Schulmeister«. Burkhard Strassmann hatte angesprochen, dass Lehrer Frieses Matheaufgaben dem Leben entstammten, dass er seine Sache mit Leidenschaft vertrat, dass er zu frechen Gedanken fähig war. Iris Mainka erinnerte sich daran, dass Frau Kunze-Hattenheuer die falschen Töne in der Musikstunde so umwerfend komisch nachahmen konnte, und dass sie mit den Schülern etwas so Außergewöhnliches wie eine Schuloper im Stadttheater in Angriff nahm. Für Susanne Gaschke war selbst das Konjugieren nie langweilig geworden, weil es Lateinlehrer Bahrenfuß selbst nicht langweilig gewesen war – und weil es bei ihm stets etwas zu lachen gab. Liane von Billerbeck hatte gutgetan, dass Lehrerin Berger einen großzügig lobte, wenn man sich bemüht hatte; Reinhard Kahl sieht Herrn Popplow heute noch in Eile vor sich, weil »er es nicht abwarten konnte, etwas mitzuteilen«. Robert Leicht gefiel die penible Lektionsvorbereitung von Herrn Hasselhorn, Heike Faller die spannenden (oftmals privaten) Geschichten ihres Lehrers Birn. Michael Naumann zeichnete das Bild eines Lehrers, der den heimlichen Ehrgeiz jedes einzelnen Schülers erfassen konnte – und ihm dann ganz persönliche Leseaufgaben zugewiesen hatte. Jens Jessen schwärmte davon, mit welcher »Rabiatheit« Griechischlehrer Riesner »die Aktualisierung der Antike« betrieben hatte, und Elisabeth von Thadden hat besonders beeindruckt, dass Lehrer Trittel nie abschätzig mit den Schülern umgegangen war, keinen von ihnen je gekränkt hatte.

So persönlich diese Reminiszenzen an gymnasiale Oberstufenzeiten in den 60er bis 80er Jahren – zwischen ersten Aufbrüchen im westdeutschen Schulwesen und einer letzten Phase des DDR-Bildungswesens – auch gefärbt sind, so spiegeln sie doch in summa das wieder, was Entwicklungspsychologen als typisch für die Adoleszenz ansehen: Junge Menschen sind fasziniert von Erwachsenen, die tatkräftig, zugewandt und authentisch ihnen dabei behilflich sind, ihre kognitiven Fähigkeiten auszubauen, sich ein stimmiges Wertesystem zu schaffen, eine tragende Zukunftsperspektive für sich zu entwickeln. Nicht blasse Begleiter bleiben also in Erinnerung, sondern profilierte, beziehungsaktive Anführer. Was junge Menschen konkret brauchen, um ihre ›Entwicklungsaufgabe‹ erfolgreich zu bewältigen, das ist nun immer auch zeitabhängig, variiert mit den jeweiligen kulturellen Umständen. Ein Schulleiter hat einmal bilanziert, wie sich in den letzten 60 Jahren die Verhältnisse gewandelt haben, unter denen junge Menschen aufwachsen. Die neuen Kinder – so *Wilfried Bröckelmann* –

- müssen weniger gehorchen und mehr aushandeln
- erfahren weniger erzieherische Anleitung und müssen früher Entscheidungen fällen
- werden seltener in (intakten) Mehrkindfamilien groß und öfter als (alleinerzogenes) Einzelkind
- erleben seltener oder kürzer schützende und verbindliche Beziehungsnetze
- können erst später gesellschaftliche Verantwortung übernehmen und verbleiben dadurch länger in Abhängigkeit
- erleben stärker ökonomische Disparitäten und häufiger abhängiges Versorgtwerden
- wachsen seltener mit Zukunftssicherheit auf und häufiger in Krisenerwartung.

Vor allem die Veränderungen des familiären Erziehungsklimas (größere Partnerschaftlichkeit der Generationen, verstärkte emotionale Abhängigkeit der Eltern vom Kind) hinterlassen ein breites Spektrum an kindlichen Reifungsstörungen: innere Labilität, Anspruchsmentalität, Orientierungsarmut. Die Folge: Viele Heranwachsende taumeln mittlerweile mehr ins Leben als dass sie in dieses hineintreten – scheinerwachsen, mit diffuser Identität. Sie reagieren schnell ungehalten, driften am liebsten durch reizreich-verantwortungsleere Jugendwelten, können sich äußeren Ordnungen nur schwer anpassen, neigen zu einem »impulsiven Lebensstil« *(Füllgrabe).*

Die Schule aber ist keine Welt, in der es pausenlos und ohne Bemühen »piept, pop-upt und hypt«, wie ein Autor der ZEIT formulierte. Plötzlich ist es mit s³, den vielfältigen Banalaktivitäten in Familie und Freizeit (simsen, stylen, shoppen) nicht mehr getan. Der Schüler soll Aufgaben lösen, die ihm schwer oder langweilig erscheinen; er soll sorgfältig arbeiten und muss sich vom Lehrer beurteilen lassen; er soll mit fremden oder ihm unsympathischen Klassenkameraden gut auskommen. Jede Menge Problemfelder also für das sich noch unzulänglich wähnende und doch schon so groß sein wollende Individuum: Es will oft mehr, als es kann (intrapsychischer Konflikt); es will gerne mehr, als es darf (intergenerationaler Konflikt); und es will vielfach anderes als die anderen (interpersonaler Konflikt). Das Drama des modernen Kindes *(Wolfgang Bergmann)* besteht auch darin, dass diese Reibungsflächen heute rauer ausfallen als zu früheren Zeiten – was nicht ohne Auswirkungen auf die Rolle des Lehrers bleibt.

Der neue Ruf nach einer Prise Strenge

Wie stellen sich nun heutige Schüler einen guten Lehrer vor? Eine Umfrage des Instituts für Schulentwicklungsforschung Dortmund unter 2000 Schülern aus NRW *(Kanders)* erbrachte zunächst einmal nichts Überraschendes: Als wichtigste Items wurden angekreuzt, dass der Lehrer gerecht ist und schwierige Sachverhalte gut erklären kann; außerdem soll er beim Lernen auch individuell unterstützen und sich darum kümmern, wie es den Schülern geht. Im freien Teil der Erhebung, also ohne Einschränkung durch Frage-Items, kam noch etwas Bemerkenswertes hinzu: »Ein guter Lehrer sollte sich unbedingt durchsetzen können«, notierte etwa eine Oberstufenschülerin. Und auch pubertierende Jahrgänge befürworten ganz unverblümt, der Lehrer möge den Unterricht auch mit einer gewissen Strenge führen. Hier einige Stimmen aus eigenen Befragungen von Siebt- und Neuntklässlern am Gymnasium: »Ein strenger Lehrer kann auch nett sein«, »der ist wie ein Eimer Wasser, da hört man sofort auf zu träumen«; »bei einem strengen Lehrer strengt man sich mehr an«, »da baut man automatisch nicht so viel Mist«. Eine Klasse von gleich alten Sonderschülern zeichnete ein ähnliches Bild: »Bei Ihnen muss man dann lernen. Sie verlangen viel von einem. Man darf nicht quatschen. Man muss alles fertig machen. Sie geben Strafarbeiten auf, wenn man was nicht gemacht hat. Sie passen auf, dass keiner Scheiß baut.« Ein Fünfzehnjähriger drückte es so aus: »Streng, das ist, wenn du Scheiße baust, und dem Lehrer ist das nicht egal, der sagt dir dann, was du tun sollst und welche Strafe es gibt.« (*Bröckelmann/Felten*)

Wie pragmatisch und unbelastet junge Menschen sich hier zu pädagogischer Strenge äußern! Sie sind eben schon weit entfernt von den drückenden Erfahrungen einer Drillschule der Kaiserzeit, und sie sind auch nicht mehr verwickelt in die ideologischen Grabenkämpfe der Pädagogik nach 1968. Aber sie reden ja auch keineswegs der Renaissance eines autoritären Paukstils in der Schule das Wort. Sie wollen durchaus nicht »bei falschen Antworten heruntergemacht« oder »bei jeder Kleinigkeit angemotzt« werden. Zweifellos wünschen sie sich einen Lehrer, der freundlich ist. Sie finden es aber offenbar auch wichtig, dass dies jemand ist, der das Aushalten von Belastungen beim Lernen einfordert und auf dem Einhalten von Regeln im sozialen Miteinander besteht. Übrigens hätten auch die meisten Eltern nichts einzuwenden gegen eine straffe Führung ihrer Kinder. Sei es, weil sie um deren optimale Entwicklung fürchten, wenn die Schule die Heranwachsenden zu früh sich selbst überlässt; sei es, weil sie sich angesichts eigener Erziehungsschwäche von der Schule deutlichere Orientierung erhoffen.

Eine eigentümliche Szenerie also: Die jungen Bäumchen selbst ermuntern den Gärtner, er möge sie ruhig anbinden – wenn auch lediglich vorübergehend und bitte rindenschonend. Darin deutet sich ein bemerkenswerter Aufgabenwechsel für progressive Pädagogen an: Hatten sie nach 1968 ihre Bestimmung gern darin gesehen, für Heranwachsende ein Mindestmaß an Freiheit gegenüber autoritärer Enge zu erkämpfen, so geht es heute – knapp zwei Generationen später – anscheinend darum, junge Menschen vor einer anderen Überforderung zu bewahren: der durch uferlos gewordene Freiheiten.

Nicht nur Reformpädagogen, denen die Freinet-Formel »den Kindern das Wort geben« ansonsten viel bedeutet, wird beim Ruf der »Basis« nach mehr Strenge allerdings schnell mulmig zumute. Schließlich war diese schulpädagogische Haltung allzu oft mit Lieblosigkeit und Härte, Demütigung und Züchtigung verbunden, bedeutete schulisches Lernen lange Zeit »sub virga degere« (unter der Rute leben). Solche Entartungen haben den Begriff derart in pädagogischen Verruf gebracht, dass er mittlerweile in der Fachliteratur ebenso verpönt ist wie an Lehrerkonferenzen. Strenge, das hält man höchstens im rechtlichen oder wissenschaftlichen Kontext für berechtigt – und laut Google auch als Adjektiv zu »Domina« –, aber doch nicht in der Bildung! Der Lehrer, der hinter der geschlossenen Klassenzimmertüre aufbraust oder herumbrüllt, ist denn auch nicht streng, sondern verzweifelt: Er will weich sein, dabei entgleitet ihm die Lenkung des Lerngeschehens – und er reagiert überreizt.

Der Blick in ein etymologisches Wörterbuch könnte das Strengetabu brechen: Hier wird als alte Hauptbedeutung etwas keineswegs Anrüchiges erwähnt, nämlich Eigenschaften wie stark, tapfer oder tatkräftig; die Zusammensetzung ›sich anstrengen‹ meint demnach so viel wie ›sich bemühen (oder) die Kräfte spannen‹. Erst in neuerer Zeit sind mit Konnotationen wie ›unnachgiebig‹ oder ›unerbittlich‹ Charakteristika einer schwarzen Pädagogik hinzugetreten. Einen ähnlichen Bedeutungswandel hat übrigens der Begriff der ›Zucht‹ erfahren (*Roth*): Im Pädagogischen assoziieren wir hiermit heute – mit verständlicher Abneigung – vor allem den Vorgang der Züchtigung zwecks Unterdrückung unerwünschter Regungen. Ursprünglich bezeichnete der Begriff indes eine kultivierte Befindlichkeit, einen Habitus der gelungenen Balance von Innerem und Äußerem, die ausgeglichene Gestaltung der Person, kurzum: moralische Besonnenheit.

Die aufgeregte Disziplindebatte anlässlich von Bernhard Buebs »Lob der Disziplin« hat uns das Prekäre dieses Aspekts vor Augen geführt. Während zahlreiche Eltern und Lehrer beifällig »Endlich spricht es mal einer aus!« raunten, warfen akademische Vertreter der Zunft dem langjährigen Internatsleiter gefährliche Nähe zu faschistoiden Erziehungsmethoden vor. Das brachte ihnen indes den Gegenvorwurf des Elfenbeinturms ein; denn natürlich ist es etwas anderes, im Labor, in der Bibliothek oder in einer therapeutischen Praxis zu forschen, als 30 mehr oder weniger labile Heranwachsende während der Wirren der Pubertät bei Lernlaune zu halten. Neben Empörung und Verleumdung blieb von der Kritik der Gelehrten letztlich höchstens zweierlei übrig: Der Vorwurf, Bueb habe seine Position zu oberflächlich begründet, und die Befürchtung, die Basis könne ihn im Sinne eines erzieherischen roll-backs missverstehen. Vielleicht haben ihm seine Kritiker einfach übel genommen, dass Bueb auszusprechen wagte, was sie selbst sich nur ungern eingestehen: Dass der Verzicht auf das Prinzip Führung in der Schule keine Emanzipation bewirkt, sondern Verwahrlosung.

Herzliche Strenge des Lehrers (*Thomas Ziehe*: »charmante Autorität«), das lässt sich eigentlich ganz unaufgeregt verstehen: als wichtige Form der Bildungshilfe; als eine Haltung, die Kindern und Jugendlichen in kritischen Situationen dabei hilft, eigene Stärke zu entwickeln; als wohlwollend-unerschütterliche Konsequenz. In den geschilderten Schüleräußerungen jedenfalls drückt sich ein Bedürfnis, ein entwicklungspsychologisches Interesse aus, das die schulpädagogische Debatte der letzten Jahrzehnte unterschätzt, wenn nicht verachtet hat. Heranwachsende haben offenbar ein Gespür dafür, was ihnen langfristig nützt, was ihnen nachhaltig guttut, was sie dauerhaft stärkt. Gewiss finden sie Spaß, Spiel und

Selbstbestimmung beim Lernen gut – aber ihnen ist auch klar, dass dies alleine für eine gelingende Teilhabe am späteren gesellschaftlichen Leben nicht ausreicht. Schüler ›wissen‹ letztlich darum, dass Schule auch ein Ort der Zumutung sein muss – in ihrem ureigensten langfristigen Interesse.

Manches spricht dafür, dass unsere miserablen PISA-Bilanzen auch ein Resultat der lange Zeit verbreiteten pädagogischen Führungsschwäche waren. Gute Schulen sind dagegen immer auch paternalistisch – sie handeln bisweilen gegen den (momentanen) Willen der Kinder, aber für deren (zukünftiges) Wohl. Dabei können sie sich nicht zuletzt auf *Maria Montessori* berufen. Wer junge Menschen nur zum Lernen einlade, greife nämlich oft zu kurz; sie brauchten vielmehr äußere Führung, solange ihre innere noch unfertig sei. »Dem Kind seinen Willen zu lassen, das diesen noch nicht entwickelt hat, heißt den Sinn der Freiheit zu verraten.« Schüler seien naturgemäß zunächst einmal oberflächlich oder leicht ablenkbar. Deshalb plädiert *Montessori* dafür, mit »unbedingter Strenge alle Handlungen zu verbieten und allmählich zu ersticken, die das Kind nicht tun soll, damit es klar zwischen Gut und Böse zu unterscheiden lernt.« Der gute Lehrer bietet Schülern also nicht nur seine Hand, sondern gelegentlich auch die Stirn. Ihm gelingt etwas scheinbar Paradoxes: ihnen gleich und ungleich zugleich zu begegnen.

Der gute Lehrer: Keine Angst vor Ansprüchen!

Eine sich als human verstehende Schule steht heute vor veränderten Aufgaben: Nicht länger von allem Möglichen zu befreien, sondern sinnvoll zu binden, nachhaltig zu festigen, das Diffuse zu klären. Deshalb ist Schülern so wenig damit gedient, wenn man die Generationsunterschiede verwischt, in Führungsfragen halbherzig ist, das Lernen unnötig entlastet. Die »Pädagogik der Ermäßigung« (*Fulbert Steffensky*) – Polemiker sprechen gern von Kuschel- oder Spaßpädagogik – hat sich als Hemmschuh für reife Entwicklung und damit auch Schulerfolg erwiesen.

In Finnland drückt man die Wertschätzung von Pädagogen mit dem Begriff »kansankynttillä« aus – »Kerzen des Volkes«: Der Lehrer, das ist eine Flamme, die Licht und Wärme spendet, die die Dinge beleuchtet und so den Horizont des Schülers weitet, in einer schützenden, geborgenen Atmosphäre. Ein eingängiges, schönes Bild – und ein ständiger Selbstanspruch: Junge Menschen spüren zu lassen, dass man mit jedem von ihnen gerne zu tun hat, und dass man ihnen viel Interessantes zeigen kann. Indes vermögen Kerzen ihre Aufgabe nur dann zu erfüllen, wenn sie nicht flackern und wenn sie unverrückbar feststehen – sonst werden sie schnell zu Irrlichtern. Angesichts der aktuellen Selbstständigkeitseuphorie in der Schulpädagogik sei deshalb betont, wie grundlegend bedeutsam es ist, dass der Lehrer auch in seinem Fremdanspruch – nämlich an die Kinder – unerschütterlich ist.

Der Lehrer als Brennpunkt

Ein Lehrer zeigt dem Schüler, was er schon kann und was noch nicht; so merkt dieser allmählich, wer er ist – und kann sich bewusster werden, wer er sein möchte. Kenntnisse und Haltung des Lehrers machen neugierig, ermuntern zu Orientierung, laden zum Nachahmen ein, regen zu eigenen Erkundungen an. In der Beziehung zu einem Lehrer können Schüler also kindliche Größenphantasien abbauen und ein realistisches Bild ihrer Möglichkeiten und Neigungen entwickeln; in Bezug auf ihn können sie eine eigene Lebensrichtung konkretisieren, können so flügge werden. Lehrer sind insofern Spiegel und Wegweiser zugleich.

Wer Schüler hingegen zu früh beim Lernen sich selbst überlässt, idealisiert sie. Und in solcher Romantisierung der pädagogischen Beziehung steckt eine gehörige Portion Kapitulation: Man verkennt die anthropologische Ausrichtung des Kindes auf den Erwachsenen; man geht darüber hinweg, dass es Heranwachsende oftmals überlastet, Eindrücke und Erfahrungen ohne Anleitung durch Wissende richtig zu verdauen.

Beispiel »Lerntagebuch«: Lernen wirkt nachhaltiger, wenn Schüler nicht nur Lernaufträge erfüllen (Matheaufgaben lösen, Gedichte interpretieren, Statistiken verstehen, ein Bild malen), sondern auch über den Lernvorgang reflektieren: Welche Fragen stellten sich? Womit gab es Schwierigkeiten? Was ist schon geschafft? Also werden Klassen zunehmend angehalten, derlei Überlegungen in Lerntagebüchern festzuhalten. So weit, so einleuchtend. Viele junge Kollegen sind allerdings erstaunt – wenn nicht gar verärgert –, wenn diese ›tolle‹ Arbeitsform keineswegs freudig als Bereicherung angesehen, sondern wie andere Schulaufgaben auch erledigt wird – von den einen eher sorgfältig, von den anderen eher schlampig. Die Schüler arbeiten eben noch weniger für sich als für den Lehrer. Auf Dauer kommt derlei gutgemeinte Selbstkommentierung denn auch wieder zum Erliegen, es sei denn, der Lehrer liest und würdigt sie regelmäßig.

Der Lehrer als Bürde

Lehrer haben auch die Aufgabe, Schüler mit schwierigen Situationen zu konfrontieren und ein mögliches Ausweichen zu verhindern. Denn nur der wächst, der Herausforderungen annimmt, der Belastungen bewältigt, der mit eigener Kraft Steine aus dem Weg räumt. Lehrer sind wie Leitplanken, die verhindern, dass Schüler in den Graben fahren oder in Kurven ausbrechen. Sie verkörpern die Unbeugsamkeit der Welt – in gedämpfter Form. Zweierlei Arten von Zumutungen wird eine gute Schule deshalb bereithalten:

Einerseits sollen sich Schüler auf neue soziale Regeln einstellen lernen. Schulregeln gewährleisten ja nicht nur ein Funktionieren der Schulgemeinde, der Klasse oder der Lerngruppe, sie spiegeln gleichzeitig auch zukünftige gesellschaftliche Anforderungen wider: respektvoll miteinander umgehen, akzeptierte Sprachcodes benutzen, Emotionen wie Freude, Wut oder Ungeduld keinen ungeregelten Lauf lassen, Rituale akzeptieren. Deshalb sind Kopfnoten ja auch kein Problem, sondern – bei aller Begrenztheit der Aussage – wichtiges Echo und Entwicklungsanreiz.

> *Beispiel »zur Begrüßung aufstehen«:* Ein solches Ritual hilft ja nicht nur dabei, die individuellen Plauder-Sphären zu verlassen und sich auf das gemeinsame Tun »Lernen« einzustimmen, es gibt auch einer förmlichen Wertschätzung des Lehrers Raum. Was mancher als antiquierte Prinzipienreiterei kritisiert, weil es die unterschiedlichen Befindlichkeiten der Schüler zu wenig berücksichtige, ist aber gerade das Bedeutsame: In der Schule soll man ja sein Ego ein Stück weit relativieren lernen. Den Schulleistungen kommt das nur zugute, wie der Blick nach Finnland oder Japan lehrt.

Andererseits sollen Schüler Schwierigkeiten beim Lernen bewältigen lernen. Denn Wissenserwerb und Kompetenzzuwachs vollziehen sich ja meist nicht nur beiläufig, sondern erfordern Übung und Auseinandersetzung. Und erst das Aushalten und Überwinden von Mühsal und Widerständen ermöglicht inneres Wachstum.

> *Beispiel »Hab' kein' Bock!«:* Diese Floskel kann vielerlei bedeuten: Der Schüler versteht einen Zusammenhang nicht. Oder er kann eine Aufgabe nicht sofort ausführen. Oder nicht so gut wie an-

dere. Oder er kann den Lehrer nicht leiden. Oder er hat keine Lust, seine Fehler zu überarbeiten oder eine unfertige Arbeit abzuschließen. Würden Lehrer nun darauf verzichten, ihre Schüler immer wieder, auch gegen Unlust, gelegentlich gar gegen ihren Willen, verständnisvoll aber unerbittlich an solche Zumutungen heranzuführen, könnten diese nicht genügend wachsen.

Viele Lehrer neigen dazu, diese Bewältigungsarbeit unnötig zu erleichtern (zu kleinschrittig erklären, zu wenig Übung erwarten) – das nennt man auch Verwöhnung. Oder sie nehmen das Ausweichen der Schüler vor Schwierigkeiten allzu widerstandslos hin (unsorgfältige oder unfertige Arbeiten akzeptieren) – das wäre eine Form von Vernachlässigung. Damit befördern sie aber nicht nur Passivität und Unzulänglichkeitsgefühle, sondern auch Erwartungen, die das spätere Leben unweigerlich enttäuschen muss. Jedenfalls hat sich gezeigt, dass die besten Leistungsbilanzen durch anspruchsvollen Unterricht entstehen.

Beispiel Hausaufgaben: Die meisten Lehrer erteilen zwar regelmäßig Hausaufgaben, betrachten diese aber eigentlich als Übel – oder prüfen sie nur halbherzig nach. Natürlich sind Hausaufgaben lästig, nachmittags winken für Heranwachsende doch ganz andere Verlockungen! Aber ein wenig häusliche Fron ist höchst bedeutsam: Ist es doch oft die einzige Situation, in der ein Schüler ohne Seitenblick oder Nachbarstuscheln testen kann, ob er den neuen Stoff auch verstanden hat. In unseren Tagen kommt noch ein Weiteres hinzu: Jede Minute, die man über einer Gleichung oder einem Aufsatz brütet, kann man schon 'mal nicht mit gewaltverherrlichenden Videogames oder in anderen virtuellen Existenzen vertun. Laut aktueller Forschung hängen Schulerfolg und PC-Quote im Kinderzimmer umgekehrt proportional zusammen (*Pfeiffer*) – und das ist nicht zuletzt auch ein gewichtiges Argument für die Ganztagsschule.

Pädagogische Nachdrücklichkeit geht natürlich mit Reibung einher, das Überwinden von Unsicherheit fühlt sich nicht nur angenehm an. Gerade darauf kommt es aber in unseren vielfach vaterarm gewordenen Jugendwelten an. ›Vaterarm‹ meint nicht nur die vielen alleinerziehenden und mehrfachbelasteten Mütter, sondern auch die noch zahlreicheren verunsicherten Väter – und in einem übertragenen Sinne all' die erzieherischen Einflussfaktoren, die man früher einmal väterlich nannte, und die etwas mit Grenzsetzungen, Entbehrungen und Herausforderungen zu tun haben. Viele Kinder haben bis zum Schuleintritt kaum gelernt, sich Maßstäben zu unterwerfen, sich auf andere Menschen einzustellen und die Durchsetzung eigener Wünsche aufschieben zu lernen. Vordergründig verstandene Kinderfreundlichkeit hat viele vergessen lassen, dass manches Sich-Anpassen auch etwas Entlastendes, ja Entwicklungsförderliches hat. Natürlich kann der Lehrer einen unleserlich geschriebenen Aufsatz akzeptieren – damit verunmöglicht er aber das Gefühl »Mir ist etwas Schönes gelungen«. Er kann auf eine Verbesserung der Mathearbeit verzichten – damit verfestigt er aber den Eindruck »Das kann ich nicht und werde es auch nicht lernen«. Er kann unfreundlichen Umgang oder störendes Verhalten hinnehmen – damit signalisiert er aber dem Heranwachsenden »Du bist für dein Verhalten nicht verantwortlich, du brauchst dich nicht zu entwickeln, du kannst so bleiben, wie du bist«. Er kann es schließlich unterlassen, bei falscher Schulwahl einen Wechsel nahezulegen – die permanente Überforderung würde aber nur das Gefühl hinterlassen »Mit mir ist ›was faul, mit meinen Fähigkeiten bringe ich nichts Vernünftiges zustande«. Erst in den Verwicklungen und Verstrickungen mit einem Erwachsenen kann ein Heranwachsender genügend reifen.

Der Lehrer als Brückenbauer

Lehrer pendeln ständig zwischen zwei Sphären: dem momentanen Horizont ihrer Schüler und dem jeweiligen Weltwissen. So besteht ständig die Gefahr, dass sie bei ihren Schützlingen stehenbleiben – anstatt diese abzuholen und mitzunehmen. Dabei hilft Schülern die Konfrontation mit Sachverhalten, die ihnen fremd oder uninteressant erscheinen: Es erweitert ihren Horizont, kann ihre Interessen anregen oder ist später für sie von Nutzen.

Beispiel »Sieben Jahre Mathe sind genug«: 1995 sorgte diese Parole kurzfristig für erhebliches Medienecho – und für manch' kurzsichtiges Kopfnicken. Dabei erfordert das Leben in hochtechnisierten Gesellschaften von einem Großteil ihrer Mitglieder mehr als Dreisatzdenken oder Prozentrechnung (die Fähigkeit zum logischen Schließen, den Umgang mit Ordnungsprinzipien, ein Verständnis von Grafiken etc.) – und davon sollte man niemanden ohne Not vorzeitig abkoppeln.

Gerade die Begegnung mit dem nicht unmittelbar Benötigten kann für das Kulturwesen Mensch bereichernd – und damit entwicklungsförderlich sein. *Thomas Ziehe* rät Lehrern deshalb, die unterrichtlichen Themen nicht ständig auf die Lebensweltebene zu beschränken, sondern gerade auch an Kenntnisse aus bislang unbekannten Sphären heranzuführen. Auch solle man sich nicht mit Meinungsäußerungen von Schülern begnügen (»Ich seh' das so und so – und damit basta!«), sondern müsse vor allem daran arbeiten, sie zur Einnahme anderer Sichtweisen (Dezentrierung) zu befähigen. Junge Menschen entwickelten sich zunehmend individualisierter, und zwischen Jugendsphäre und Bildungswelt klaffe ein immer tieferer Graben. Hier vielfältige Überbrückungsarbeit zu leisten, darin bestehe heute das Emanzipationspotenzial von Schule.

Schule dürfe zwar auch Gelegenheit zur Selbsterprobung geben; ihre zunehmend wichtigere Aufgabe bestehe indes in Angeboten und Hilfen zu hinreichender Fremdheitserfahrung. Andernfalls würde man nur die Zentrierung der Schüler auf ihre Eigenperspektive, ihre narzisstische Selbstbezüglichkeit verstärken – oder diese zumindest unnötig verlängern. Die Forderung nach »Öffnung von Schule« sei einmal berechtigt gewesen, heute indes müsse die Schule verstärkt eine »Öffnung des Schülers« betreiben, nämlich für die gründliche Auseinandersetzung mit Phänomenen, Werken und Taten, die über den engen Rahmen der eigenen Lebenswelt hinaus bedeutsam sind. Und dabei gebe es etliche neue »Schlüsselprobleme« zu knacken: Zerstreutheit, Belastungsschwäche, Beliebigkeit. Eine gute Schule wird also auch Konflikte erzeugen müssen und wollen.

Kinder aus bildungsferneren Schichten oder mit Migrationshintergrund benötigen diese »Überbrückungsarbeit« der Lehrer übrigens besonders stark, darauf hat *Hermann Giesecke* wiederholt verwiesen. Ihnen ist angesichts der Fremdheit der (mittelschichtsorientierten) Lerninhalte am ehesten schon mal nach Weglaufen zumute, sie brauchen vor allem den Halt eines Lehrers, der Konflikte nicht scheut, der diese wahrnimmt und zulässt, der sie mit ihnen bearbeitet, der sie aushält. Ein guter Lehrer ist somit nicht nur ein individueller Entwicklungshelfer, sondern auch gesellschaftlicher Integrationsbeistand.

Beispiel »Abstrakte Kunst«: In »Frontbericht aus dem Klassenzimmer« schildert die Kunstpädagogin *Ursula Rogg* ihren Alltag in einem Berliner Brennpunkt-Gymnasium. Die Oberstufenschüler dort zeigen für kaum etwas Interesse, sie haben andere als bildnerische Probleme. Auf einem Gemälde von Malewitsch sehen die Schüler erst mal »gar nichts«, finden das Thema überhaupt »oberscheißekacke«. Am Ende der Kunststunde indes, nach geduldigen und kreativen Impulsen der Lehrerin, erwägen sie, ob die Konstellation der geometrischen Figuren nicht »wie eine Schulklasse« wirke – und werden selbst gestalterisch tätig. Ist das nicht ein zunächst harmlos wirkender, aber doch wichtiger kleiner Schritt, heraus aus engen Horizonten, hin zu gesellschaftlicher Teilhabe?

Gewiss, es fühlt sich gut an, wenn man als Lehrer von seinen Schülern gemocht wird. Aber es ist für beide Seiten verhängnisvoll, wenn Lehrer unterrichtliche Entscheidungen von der Zustimmung der Schüler abhängig machen. Junge Menschen wissen noch nicht genau, wer sie sind und was sie wollen – das ist normal. Wenn Erzieher sich aber durch momentane Launen der Schüler beeindrucken lassen und in ihren Anforderungen nachgeben oder lediglich schwammige Positionen beziehen, dann liegt eine Art berufliche Funktionsstörung vor. Man könnte auch sagen: Permissivität ist Unprofessionalität. Pädagogische Eignung erweist sich gerade darin, dass man das ausprobierende Kind merken lässt, was geht und was nicht; dass man ihm zeigt, was es weiterbringt und wie man Mutlosigkeit überwindet. Wenn junge Menschen sich heute in Umfragen wünschen, ihre »Lehrer könnten ruhig etwas strenger sein«, dann spricht daraus kein Masochismus, sondern das lange verkannte Bedürfnis nach mehr Orientierung in der »neuen Unübersichtlichkeit«; der Wunsch, ein fassbareres Gegenüber zu haben, an dem die eigene Identität reifen, an dem sich Stärke entwickeln kann.

Der Lehrer als Bändiger

Gerade männliche Jugendliche fühlen sich oft zu wenig respektiert – kein Wunder angesichts der Diskrepanz ihrer inneren Leitbilder und ihrer tatsächlichen Möglichkeiten. Gewalt auszuüben kann dann zum reizvollen Mittel werden, sich wenigstens kurzzeitig Erhabenheit zu verschaffen: Ein anderer weicht ihnen aus oder will ihnen zu Gefallen sein. Und wenn solche Aggression Erfolg hat, entwickeln sich schnell »Gewaltkarrieren« *(Sütterlüty)*: Die Ohnmachtsgefühle verkehren sich in ihr Gegenteil, in die berauschende Erfahrung der physischen Verfügungsmacht über andere. Häufig setzt dies auch eine Eskalationsdynamik in Gang: Bislang unauffällige Schüler werden ebenfalls zu Gewalt angestachelt, andere müssen sich den Stärkeren beugen – es findet eine normative Aufwertung der Gewalt statt.

Deshalb ist es so wichtig, dem Aufkeimen von Gewalttätigkeit an Schulen schon früh die Stirn zu bieten. An amerikanischen Schulen ist die Zahl der Gewalttaten seit 1990 jedenfalls um 30% zurückgegangen, eine Folge von strengen Kontrollen und einer Null-Toleranz-Politik. Und auch hierzulande gibt es Beispiele für erfolgreiches Gegensteuern: In Hessen etwa wurde ein Schulgericht aus Schülern und Lehrern geschaffen, das Konflikte zügig verhandelt und löst. Und in Berlin konfrontiert man gefährdete Jugendliche mit bereits Inhaftierten – diese verkörpern glaubhaft, was einem bevorsteht, wenn man den Weg der Gewalt weitergeht.

Ein praktikables und evaluiertes Konzept zur Prophylaxe und Eindämmung von schulischer Gewalt stammt von dem norwegischen Psychologen *Dan Olweus*. Es umfasst Maßnahmen für die Schule als Ganzes, im Rahmen jeder Klasse sowie auf der Ebene der einzelnen Lehrer-Schüler-Beziehung. Dazu gehören etwa eine Sensibilisierung für Anfangsphänomene ebenso wie die Intensivierung von Aufsichten oder die Einrichtung eines anonymen Kontakttelefons. Zugleich bedarf es nach Olweus aber auch sogenannt positiver Schritte: Ein Schulhof, auf dem man sich wohlfühlen kann; regelmäßige Klassengespräche und -aktivitäten, ein enger Austausch zwischen Lehrern und Eltern. Zentralen Stellenwert hat dabei ein klares Regelwerk für Umgang und Konfliktlösung, das mit den Schülern entwickelt werden muss – und das es dann auch unverzagt durchzusetzen gilt, ohne falsches Mitgefühl mit vermeintlich Benachteiligten, und ohne Scheu vor der Konfrontation im Detail.

Ein einiges und entschieden auftretendes Kollegium kann jedenfalls verhindern, dass Missachtung und Gewalt selbstverständlich werden. Das sind dann Lehrer, die nicht wegsehen, wenn eine Rauferei angeblich mal wieder »nur Spaß« ist, obwohl doch bereits Tränen fließen. Lehrer, die die Zeichen auf den Bomberjacken verstehen, die die Texte von Jugendhits kennen, die die Drohgebärden von Halbstarken durchschauen, denen der Verweis an jugendliche Streitschlichter bisweilen nicht ausreicht. Lehrer, die sich die Führung nicht aus der Hand nehmen lassen und offensiv dafür werben, dass die Anwendung von Gewalt immer eine Schwäche ist, aber nichts mit Ruhm oder Ehre zu tun hat. Pädagogen aus dem Migrantenmilieu wirken dabei oft besonders überzeugend – sie gehen mit wenig Angst und genügend Wärme in solche Konfliktzonen.

Eigentlich beginnt schulische Gewaltprävention wesentlich früher, nämlich im Unterricht, und zwar vom ersten Schultag an. Lehrern geht im anstrengenden Alltag schnell das Bewusstsein dafür verloren, dass bereits ihr Kerngeschäft prophylaktisch zu wirken vermag: Wenn man als Erstklässler lernt sich anzustrengen und deshalb erfolgreich zu sein; wenn man Fehler machen darf, ohne von irgendjemand beschämt zu werden; wenn einem die Erfahrung gegönnt wird, dass es normal ist, falls bisweilen etwas misslingt; wenn man dabei angeleitet wird, Konflikte mit Mitschülern gewaltfrei und dennoch ohne Gesichtsverlust zu lösen.

Busaufgaben

Verdammt, schon fünf vor halb, irgendwie habe ich heute doch getrödelt, jetzt aber sputen, sonst ist die S-Bahn weg. Mit mir schiebt sich ein Pulk Schüler in den Zug, sie pendeln aus der Großstadt zu einer Angebotsschule an der Peripherie. Da, in der Viererbank ist noch ein Platz frei. Ich setze mich neben eine erst halb erwachte Jugendliche, auf ihren Knien ein aufgeschlagenes Rechenheft, darunter ein Mathebuch für 10. Klassen am Gymnasium.

Sie fragt ihre Freundin gegenüber: »Wieviel ist drei Viertel?«

Die tippt bereitwillig auf ihrem Handy herum, nach einiger Zeit kommt »Null Komma sieben fünf«.

Meine Nachbarin erkundigt sich weiter: »Und vier Drittel – ich bin echt zu faul, das selbst zu überlegen?«

»Eins Komma drei«, lautet – nach erneutem Eintippen – die Antwort. Die Bahn hält, ein hochgeschossener Junge steigt ein und stellt sich dazu. »Hast du das eigentlich kapiert in Mathe?«, fragt ihn meine Nachbarin und blickt von ihrer noch weitgehend leeren Zahlentabelle auf.

»Irgendwie nicht richtig, und so früh am Morgen schon gar nicht«, lässt der sich vernehmen. Sie gähnt zustimmend, schließt ihr Heft und resümiert beinahe zufrieden: »Also, ich hab' sowieso kein' Bock, und überhaupt kontrolliert der das ja doch nicht.«

Kurze Pause. Nun erkundigt er sich: »Was habt ihr denn gestern so gemacht?«

»Och, wir waren im Piercing-Studio«, meine Nachbarin wird plötzlich deutlich wacher.

»Darfst du das denn, ich meine, so von deinen Eltern her?« »Na ja, die sind doch sowieso kaum da, und überhaupt vertrauen die mir, also, wir kommen ziemlich gut klar.«

Schade, mehr bekomme ich nicht mehr mit, ich muss aussteigen. Aber es hat sich bereits gelohnt, dass ich heute der Behaglichkeit des eigenen Autos entsagt habe. Bekommt man nicht auf dem Schulweg hautnah mit, was dieselben Wesen, die man zwischen erstem und letztem Schulgong an Mathematik und Literatur, Chemie und Bildende Kunst heranzuführen versucht, was diese Schüler vor acht und nach zwei so treiben? Das erspart einem doch manche Sozialforschung, der Alltag spricht ja schon Bände!

Zum Beispiel beleuchtet er eindrucksvoll, warum deutsche Kinder in den internationalen Vergleichsstudien so schlecht abgeschnitten haben. Eine Sechzehnjährige besucht die angesehenste Schulform ihres Landes, findet aber offenbar nichts dabei, die Mühen des häuslichen Anteils am Lernen schlicht zu verweigern – ihr einziges Interesse gilt den drei S – stylen, shoppen, simsen. Eine tolle Emanzipation von den drei traditionellen K's! Und dann diese herrliche Solidarität: Die Freundin ist sich ja anscheinend nicht zu schade, schon auf nüchternem Magen derart billige Handlangerdienste zu erledigen.

Auch die beteiligten Erwachsenen stört scheinbar nichts, zumindest schreitet keiner dagegen ein – womöglich bemerken sie es nicht einmal. Die Schule als lästiges Beiwerk eines ansonsten ganz erträglichen Lebens – ich glaube, es gibt gar keine Krise der Jugend, sondern nur eine der Pädagogen. Die Eltern, die ihre großen Kinder vor allem dem Trägheitsgesetz und dem Konsumtaumel überlassen – nur keine schlechte Stimmung zuhause, irgendwie wird es mit den Noten schon hinhauen. Und die Lehrer, die nicht nur ein im weltweiten Vergleich – hohes Unterrichtspensum bewältigen, sondern auch noch ständig Überstunden schieben müssen. Und wenn man dann noch mehr von Eigenverantwortlichkeit als von Kontrolle hält …

> Fortschritt ergibt sich nicht nur aus dem Zugewinn an Erkenntnis,
> sondern auch durch die Korrektur von Irrtümern –
> und seien es die Innovationen von gestern.
>
> HUBERT MARKL

2.
Methodisch: Auf das Wesentliche besinnen

Zwischen Monotonie und Methodenhuberei

Das Leben ist hart. Besonders, wenn man am Rande der Sahara lebt, wie die Moros. Das sind Halbnomaden, die in der Wüsten- und Savannenlandschaft des westafrikanischen Burkina Faso mit ihren Rindern herumziehen, von Wasserstelle zu Wasserstelle. An diesen Saisonoasen bauen die Moros Hirse an, ansonsten ernähren sie sich vom Fleisch, der Milch und dem Blut ihrer Tiere. Aber den Moros geht es schlecht. Die Säuglingssterblichkeit ist hoch, die Lebenserwartung liegt bei knapp 30 Jahren. Oftmals herrscht Wassermangel, häufig kommt es zu Missernten. Das Vieh ist schlecht ernährt und leidet an der Rinderschlafkrankheit, die durch die Tsetse-Fliege übertragen wird. Die elende Lage der Moros führte dazu, dass man vor Kurzem ein Entwicklungshilfeprogramm in Gang setzte. Man begann, die Tsetse-Fliege zu bekämpfen, bohrte Brunnen, besorgte Maschinen für den Ackerbau und richtete eine medizinische Grundversorgung ein. Allmählich stieg die Zahl der Rinder an, Ernährungslage und Gesundheit der Moros verbesserten sich, die Population nahm zu.

Im achten Jahr des Moro-Projektes ereignete sich jedoch eine Tragödie. Schlagartig nahm die Zahl der Rinder ab, und fast der gesamte Stamm der Moros fiel einer Hungersnot zum Opfer. Wie kam es dazu? So löblich die Hilfsbereitschaft der wohlmeinenden

Ratgeber, so katastrophal waren die Wirkungen ihrer Maßnahmen. Die wachsende Rinderherde fraß nämlich bald nicht nur das Gras, sondern auch dessen Wurzeln – und vernichtete so binnen Kurzem die eigene Existenzgrundlage. Außerdem hatten die Dieselpumpen der neuen Brunnen den Grundwasservorrat der regenarmen Region schnell erschöpft. Ein zuvor – wenn auch auf bescheidenem Niveau – bestehendes Gleichgewicht war gestört worden – mit fatalen Folgen für alle Beteiligten.

Zum Glück ereignete sich dieses Desaster nicht in der Wirklichkeit, sondern nur virtuell als Computersimulation, mit deren Hilfe Strategien für eine effektive Entwicklungshilfe konzipiert werden sollten. Die unliebsamen Nebenwirkungen traten indes nicht aufgrund fehlenden Bemühens oder mangelnden Geldes ein. Vielmehr waren bestimmte Einflussgrößen nicht hinreichend bekannt oder sie wurden zu wenig berücksichtigt. Das wiederum hatte weniger mit fahrlässiger Kurzsichtigkeit als mit gedanklicher Engführung zu tun. So nahm man wohl unwillkürlich an, das im eigenen Lebensraum bewährte westliche Knowhow werde das Problem wohl adäquat beheben – vielleicht auch, weil solcher Technologietransfer ja den wirtschaftlichen Interessen des eigenen Landes entgegenkäme.

Der Bamberger Sozialpsychologe *Dietrich Dörner* charakterisiert solche Prozesse gut gemeinten Scheiterns als »Logik des Misslingens«. Wenn Menschen ein dynamisches, vernetztes System von hoher Komplexität gezielt zu beeinflussen versuchen, stellen sich ihnen nämlich eine Reihe prinzipieller Schwierigkeiten. So kann man beispielsweise kaum auf eine einzelne Größe allein Einfluss nehmen: Jede Entscheidung, die man für einen Teilbereich trifft, greift immer auch in den gesamten Ablauf ein. Und während einzelne Maßnahmen noch beraten oder ausprobiert werden, entwickeln sich die übrigen Faktoren sozusagen »unkontrolliert« weiter. Auch lassen sich viele Einflussgrößen gar nicht unmittelbar beobachten: Manche Zusammenhänge werden erst dann deutlich, wenn schon irreversible Schäden zu Tage treten; außerdem kennen die Akteure oft gar nicht alle Randbedingungen, erst recht nicht in ihrer unterschiedlichen Gewichtung. Trotzdem müssen sie handeln – und gleichzeitig ihrem Handeln gegenüber ständig skeptisch bleiben.

Beispiele für diese Problematik gibt es in vielen Lebensbereichen – und oft mischen sich dabei ehrenwerte mit fragwürdigen Motiven. So gilt die Bekämpfung ökologischer Beeinträchtigungen (Waldschäden, Treibhauseffekt etc.) grundsätzlich als unstrittig; wenn man nun – wie es vielleicht der Autoindustrie lieb wäre – mit Interventionen wartet, bis alle Determinanten eines Phänomens geklärt sind, haben sich womöglich schon irreversibel ungünstige Zustände ergeben; beginnt man aber – wie es Umweltschützer schon früh gefordert haben – sofort mit einer Gegensteuerung, muss man damit rechnen, nicht optimal oder gar kontraproduktiv zu handeln. Ein weiteres Beispiel ist die jüngste Weltfinanzkrise: Die Banken – so wird im Nachhinein deutlich – haben mit mathematischen Modellen gearbeitet, die zunächst erfolgversprechend schienen. Es wurde aber zu wenig einbezogen, dass bereits kleine Änderungen in den Ausgangsvariablen dieser Modelle große Abweichungen, ja Umkehrungen im Ergebnis nach sich ziehen können. Und man hat auch nicht genügend berücksichtigt, dass die Gestalter des Marktgeschehens – die Menschen selbst – im Kollektiv und insbesondere in Umbruchzeiten bisweilen höchst irrational reagieren. Schließlich wurde auf frühe Anzeichen von Unstimmigkeit schlichtweg nicht reagiert – zu verlockend waren die erhofften Gewinne.

Auch die Organisation menschlicher Gemeinwesen ist nicht frei von dieser Logik des Misslingens. So hat sich in den vergangenen Jahrzehnten – wie *Susanne Gaschke* in ihrem Buch »Die Erziehungskatastrophe« beschrieb – das Verhältnis der Generationen hierzulande auf eine höchst zwiespältige Weise gewandelt. Die so genannten »Achtundsechziger« könnten sich zwar zu Gute halten, zu mehr Kinderfreundlichkeit und weniger Hierarchie in Familie und Schule beigetragen zu haben. Aber über diese Befreiung hinaus hätten sie den Kinderherzen wenig angeboten, schon gar keine alternativen Lebensgewissheiten. Das habe den Nachwuchs für die Medien- und Konsumverlockungen des galoppierenden Spätkapitalismus umso empfänglicher gemacht, also keineswegs emanzipiert. Dumm gelaufen, sagt man heute über solche Siege des Unerwarteten.

Dörner sieht die Ursache für das Scheitern gut gemeinter Steuerungsmaßnahmen in anthropologischen Schwächen: Unser bewusstes Denken ist relativ langsam und von geringer Kapazität, es behandelt Ähnliches gerne mit Ähnlichem; auch neigen wir dazu, Phänomene von gestern zu vergessen und Probleme von heute überzubewerten; und wir tendieren dazu, Hinweise auf eigene Irrtümer auszublenden. Gleichwohl müssten – so Dörner – solche Katastrophen keineswegs zwangsläufig eintreten. Je komplexer das System, umso wichtiger ist es zum Beispiel, nicht kopflos draufloszuwurschteln, sondern sich – auch wenn die Lage heikel erscheint – zunächst Klarheit über die wesentlichen Ziele des eigenen Handelns zu verschaffen, und diese sowie mögliche Teilziele gegeneinander abzuwägen bzw. miteinander auszubalancieren. Weiterhin benötigt man ein möglichst vollständiges Gesamtbild aller Einflussfaktoren des Systems, sonst unternimmt man allzu leicht das, was man gut kann, anstatt das, was sinnvoll wirkt. Schließlich wäre auch eine beständige Selbstkontrolle vonnöten, um ein Nachsteuern bereits getroffener Maßnahmen zu ermöglichen. Stattdessen neigt man aber gerade in Krisensituationen dazu, sich geistig einzumauern: Anstatt das Steuer zur Not auch einmal herumzureißen, passt man seine Ziele unmerklich den Verhältnissen an, schiebt auftretende Störungen unbedeutenden Umständen zu, gesteht sich Widersprüche erst gar nicht ein – oder greift zu Verschwörungstheorien.

Bildungsexperimente, oder: Die Logik des Misslingens

In den vergangenen Jahrzehnten hat sich im deutschen Schulwesen etwas Ähnliches abgespielt wie in dem oben beschriebenen Entwicklungshilfeszenario – nicht gerade ein Kollaps des Systems, wohl aber ein recht heftiges, Ressourcen vergeudendes Schlingern. Blicken wir doch einmal 50 Jahre zurück: Nach dem Zweiten Weltkrieg und der ersten Wiederaufbauphase war im westlichen Wirtschaftswunderland der Bedarf an qualifizierten Arbeitskräften enorm gestiegen. Und nachdem Russland erfolgreich den ersten Weltraumsatelliten gestartet hatte, schien es, als könne der Klassenfeind im Osten das westliche Lager in technologischer Hinsicht überflügeln – und damit das Heilsversprechen des Kapitalismus unterlaufen (Sputnik-Schock). Außerdem befanden sich die Deutschen nach Nazidiktatur und Kriegsleiden in einer kollektiven Traumatisierung unterschiedlichen Ausmaßes. Die Älteren hatten sich zwischen rastlosem Wachstumsschaffen und zwanghaftem Nichtwahrhabenwollen verschanzt, die Jüngeren hingegen trugen unbewusst an Schuldgefühlen und frühen Entbehrungserfahrungen. Die Enttäuschungswut gegen die Elterngeneration kulminierte in der 68er-Revolte, einem zunächst eminent politischen, langfristig aber vor allem generationalen Umbruch, mit vielfältigen Auswirkungen auf Bildung und Erziehung.

Diese Entwicklung tangierte das westdeutsche Schulwesen auf mehreren Ebenen:

Institutionelle Konsequenzen

Das Bildungssystem erfuhr durch massive Investitionen eine gewaltige Expansion: mehr Schulen, kleinere Klassen, freie Lernmittel. Zudem erhöhten viele Bundesländer die Durchlässigkeit des Systems, indem sie die Aufnahmeprüfung für das Gymnasium abschafften und für bessere Übergänge zwischen den Schulformen sorgten. Den bislang eher unterrepräsentierten Bevölkerungsschichten – Mädchen, Landjugend und Arbeiterkinder – wurde so der Zugang zu höherer Bildung und qualifizierteren Abschlüssen eröffnet. Ein Stiefkind der Reformen blieb dabei allerdings – aus Kostengründen wie aus ideologischen Irrtümern – die individuelle Förderung, etwa von schichtbedingten sprachlichen Defiziten. Kostengünstiger war es, die Leistungserwartungen abzusenken – was heute nicht nur für hohe Studienabbrecherquoten sorgt, sondern auch manch' früherem Spitzen-Hauptschüler traumatische Jahre an gymnasialen Mittelstufen beschert.

Beziehungsmäßige Konsequenzen

Auf der Ebene der Lehrer-Schüler-Beziehung kam es zu einer hartnäckigen antipädagogischen Infektion, von der sich unsere Schulen erst heute mühsam erholen. Die berechtigte Kritik am autoritären Grundgestus vieler Nachkriegslehrer und der nach der NS-Zeit verständliche Argwohn gegenüber allem Hierarchischen stellte die pädagogische Beziehung als solche unter Generalverdacht – das Kind wurde kurzerhand mit dem Bade ausgeschüttet. Lehrer mussten sich plötzlich des Einwandes erwehren, unterrichtliche Eingriffe und fachliche Autorität würden dem Lernen prinzipiell eher schaden als nützen. Das gesamte Vorbild- und Vertrauensverhältnis zwischen Lehrer und Schüler wurde nur noch im Lichte der Entartungen Schwarzer Pädagogik diskutiert.

Stoffliche Konsequenzen

Die Kritik der Unterrichtsinhalte machte sich zunächst am angeblich toten und reaktionären Stoff fest. Wenn Schüler sich mit klassischer Literatur beschäftigen müssten, diene das doch nur der Aufrechterhaltung von Staatsform und Klassenschranken; wenn sie mit naturwissenschaftlichen Gesetzen geplagt würden, sei das doch nur eine Vorbereitung auf das Mitwirken an industrieller und neokolonialer Ausbeutung. Eine humane Schule müsse sich dagegen lebensweltlichen Themen öffnen (»Macht die Schule auf, lasst das Leben rein.«) und gesellschaftskritischen Sichtweisen weiten Raum geben. Dass aber humanistische Bildungsinhalte gerade dazu beitragen könnten, dass junge Menschen ihren bisherigen Horizont überwinden, das übersah der kulturrevolutionäre Hochmut – und kam damit den aktuellen Interessen einer durchökonomisierten Gesellschaft (»Fit für die Wirtschaft«) schnurstracks entgegen.

Methodische Konsequenzen

Die Mahnung, Lehrer möchten sich als Lenker des Unterrichtsgeschehens möglichst weit zurücknehmen, führte zunächst zu einer Favorisierung des sozialen Lernens mit den Gleichaltrigen (Triumph der Gruppe). Mit zunehmender Individualisierung hat sich dieser Akzent indes noch einmal gravierend verschoben – eigenverantwortliches Arbeiten heißt seit geraumer Zeit das methodische Ideal (Triumph des Selbst). Parallel dazu machte sich eine – gern auch dogmatische – Vorliebe für offene Unterrichtsformen breit, Arbeitsweisen also, die auf Strukturierung und Ergebnisfestlegung durch den Lehrer möglichst verzichten, ja diese nachgerade verbannen (Triumph der Offenheit). Dies alles in einem Klima wachsenden methodischen Hedonismus' – der kurzsichtigen Auffassung, dass Lernen nur dann motivierend und erfolgreich sein könne, wenn man sich dabei ständig wohl fühle (Triumph des Spaßes).

Die Denkschrift NRW »Zukunft der Bildung – Schule der Zukunft« verlieh Mitte der Neunziger Jahre vielen antipädagogisch angehauchten Vorstellungen eine quasi kultusministerielle Adelung. Und im Zuge des »Bildungsumbau Ost« sickerte nicht weniges davon auch in die östlichen Bundesländer ein, was angesichts des allgemeinen Öffnungstaumels in seiner Brisanz nicht selten unterschätzt wurde. Zwar gerieten die Befürworter des Innovativen nach kurzer Zeit unter unerwarteten Rechtfertigungsdruck – die erste PISA-Studie und ihre für Deutschland irritierend mäßigen Befunde sorgte für einen Triumph der Fakten. In ihren ersten Reaktionen hielten die damaligen Reformer jedoch tapfer die Spur. In Nordrhein-Westfalen etwa, einem der wandlungsfreudigsten Bundesländer, gab das Gewerkschaftsblatt »neue deutsche schule« die Parole ›Weiter so, nur besser!‹ aus. Der Ansatz der Schülerorientierung sei keineswegs falsch, werde aber in der Praxis nur halbherzig umgesetzt (»Mogelpackungen«) – wenn nicht gar vorgetäuscht (»Irrwege«).

Pädagogischer Kitsch

Auch die Kultusbürokratie stellte damals noch keineswegs den gedanklichen Kurzschluss infrage, Selbstständigkeit im späteren Leben erziele man am besten durch möglichst viel Selbstständigkeit beim jetzigen Lernen. Selbst bei vielen Lehrkräften war die Fürsprache für pädagogische Deregulation regelrecht zur Mode avanciert – womöglich aus uneingestandenen Entlastungswünschen. Den Sozialwissenschaftler *Roland Reichenbach* hat in der Rückschau jedenfalls gewundert, wie sehr das »erzieherische Münchhausentum« die Pädagogen faszinieren konnte. Aber der Erziehungssektor sei eben ein enorm unübersichtliches und frustrierendes Geschäft, das wecke die Sehnsucht nach ungebrochenem Glück, nach einfachen Lösungen – und dann entstehe schnell »pädagogischer Kitsch«. Wie sonst könnten immer wieder neue »Überredungsbegriffe« in der Bildungsdebatte bedenkenlos die Hoheit erringen? Das Geheimnis von euphorischen Trendtermini wie Ganzheitlichkeit oder Selbstständigkeit sei wohl, dass sie eindeutig und widerspruchsfrei scheinen, dass sie Sicherheit vorspiegeln, dass sie trösten. Natürlich hafte solchen Zauberworten immer auch etwas Dilettantisches an, erst dadurch gelinge ja die gewaltige Selbsttäuschung.

»Wer explizit anti-pädagogische Literatur liest, kann ein beeindruckendes Maß an durchgängiger Irritationslosigkeit feststellen. Das Komplexe wird dedifferenziert, das einmal und unter bestimmten Umständen Geglückte wird zum regelmäßig wiederholbaren Happy-End stilisiert und verallgemeinert.«

Für den Erziehungswissenschaftler *Johannes Bilstein* befriedigt der Selbst-Trend im Schulischen übrigens auch narzisstische Bedürfnisse beim Gegenüber, dem Lernenden. Schmeichle es nicht dem eigenen Ehrgeiz, wenn man annehme, alles Können aus sich selbst heraus geschaffen zu haben? Gehe nicht mancher gar mit der Parole hausieren, er sei nicht wegen, sondern trotz seiner Ausbildung etwas geworden? Aber wenn er dann zum Genie avanciert sei, rühme er sich nicht ungerne seiner Schüler …

Die Kitschanfälligkeit in Sachen Unterrichtsmethodik schwappt bis in unsere Tage. Noch vor Kurzem widmete sich ein Radiofeature dem Thema »Bildung in Zeiten der Unsicherheit«. *Frank Schüre*, ein – nach eigenen Worten – mit Schwerpunkt »Spiritualität/ Wissenschaft« tätiger Journalist, stimmte darin eine Art Hohelied des Sich-Öffnens an. Schüler sähen einer Zukunft entgegen, die in puncto Beschäftigung immer fragiler werde; die Generationsgrenzen würden zunehmend fließend, die Hierarchien flacher. Lehrer mit traditionellen Strategien müssten deshalb scheitern und sollten lieber neue Freiheiten erproben. Für diesen »Aufbruch ins Offene« bedürfe es einer »neuen Kultur des Vertrauens und der Verantwortung« zwischen Schülern und Lehrern. Schwärmerisches Beispiel des Nicht-Pädagogen für die vermeintlich zukunftsträchtige Haltung: die Fallenlassübung – der Lehrer müsse sich von einem Baumstumpf rückwärts in die ausgestreckten Arme seiner Schüler fallen lassen. So weit, so romantisch, so hilflos. Bildungsjournalisten sind wohl in besonderem Maße anfällig für die euphemistischen Konnotationen des Offenen. Pädagogische Praxisferne, vermischt mit verdrängten eigenen Schulerfahrungen – dann interviewt man natürlich am liebsten diejenigen Fachleute, die ebenfalls ein – wie auch immer motiviertes – Faible für das Unstrukturierte haben.

Die Selbstlerneuphorie hat sich gerne auf Publikationen zur »konstruktivistischen Pädagogik« gestützt. Deren erkenntnistheoretischer Kernthese zufolge sei der Mensch gar nicht imstande, die externe Welt objektiv zu erkennen, jeder konstruiere nur – im Wechselspiel mit anderen – seine eigenen, mehr oder weniger sinnvollen Vorstellungen von Wirklichkeit. Lernen könne deshalb zwangsläufig nur eine selbstgesteuerte Aktivität sein, ein lenkender Lehrer sei damit überflüssig oder gar entwicklungshemmend, es komme lediglich auf den ungehinderten Austausch von Meinungen und Urteilen an, die Pädagogik brauche sich also nicht länger mit Normierungsprozessen herumzuschlagen. Skeptischen Kundigen in der Lehrerausbildung (wie etwa *Heribert Seifert* oder *Dieter Neumann*) fiel allerdings schon früh auf, dass solche »antipädagogische Hoffnungslogik« nicht nur aller Alltagserfahrung widerspricht, sondern ihr auch das destruktive Potenzial einer selffulfilling prophecy innewohnt: Wenn der Lehrer nämlich das Lernen konstruktivistischer Unverbindlichkeit überlässt, fördert er schließlich genau den gesellschaftlich hochriskanten Individualisierungsgrad, den die Theorie als naturgegeben vorausgesetzt hatte.

Unter dem neoliberalen Motto »Individualisierung« ist es zu einer förmlichen »Selbst«-Überflutung der Bildungslandschft gekommen – »so viel auto war nie« *(Bilstein).* Aber schon *Adorno* hatte davor gewarnt, dass – wenn man den Menschen zu sehr sich selbst überlasse – man ihn gerade um dieses Selbst betrügen würde. Keine Frage: Effektives Lernen ist immer auch mit Eigentätigkeit verbunden, kann insofern nur Selbstlernen sein, sonst wäre es ja höchstens erduldetes Eintrichtern. Die paradigmatische Differenz ist vielmehr: Lässt man den aktiven Lerner allein, oder setzt man ihm Ziele, leitet ihn an, gibt ihm Hilfen, beurteilt sein Tun?

Die empirische Wende, oder: Das Erwachen der Vernunft

Schon 1998 hatte *Hermann Giesecke* – ein durchaus linker Erziehungswissenschaftler, der aber nie der pädagogischen Bodenhaftung verlustig ging – den nordrhein-westfälischen Schulvisionen vom »Haus des Lernens« vor allem eines bescheinigt: nämlich Lernnihilismus zu betreiben. Allenthalben huldige man einem förmlichen »Kult der Subjektivität«; das werde zwangsläufig eine neue Oberflächlichkeit der Schulabgänger erzeugen. Giesecke hielt es demgegenüber für nötig, für eine ausdrückliche »Verteidigung des Unterrichts« zu plädieren: Systematisches Lernen sei für Kinder keineswegs ein Gefängnis, sondern diene gerade deren Befreiung aus demselben – nämlich dem des Unwissens und der Unmündigkeit. Und das gelte in besonderem Maße für Kinder aus weniger begüterten Familien oder solchen mit einer Migrationsbiographie.

Um die Jahrtausendwende platzte dann auch ersten Praktikern der Kragen – vereinzelt wurde zur Abkehr von schulpädagogischen Wolkenkuckucksheimen und zu forschungsbasierter Unterrichtsorientierung gemahnt. Es erschienen Bücher mit damals provozierenden Titeln wie »Kinder wollen etwas leisten«, »Neue Mythen in der Pädagogik« oder »Spaßpädagogik – Sackgassen deutscher Schulpolitik«. Ein in seiner Knappheit besonders erfrischendes Plädoyer für eine Klärung der Verhältnisse formulierte seinerzeit der Gesamtschullehrer *Horst Hensel*. Die größten Unterrichtsstörungen würden nämlich von falschen Unterrichtsreformen (»Feiertagsdidaktiken«) ausgehen: Wenn der Lehrer etwa ein anstrengungsloses Wohlfühlen der Schüler anstrebe oder wenn er den grundsätzlichen Lernwillen der Kinder missachte und ihre Kraft vorzeitig durch methodische Moden erschöpfe – durch scheinmotivierende Rate-Umwege oder konstruktivistische Ergebnisbeliebigkeit.

Im Gefolge des PISA-Schocks konnte sich dann auch erstmals eine Stimme aus dem (empirischen) Wissenschaftslager breiteres Gehör in der Öffentlichkeit verschaffen. *Franz E. Weinert*, der mittlerweile verstorbene frühere Direktor des Max-Planck-Instituts für psychologische Forschung in München, hatte in Deutschland schon seit 1981 die Wirksamkeit von Unterricht empirisch untersucht – in einer Epoche, als in der Pädagogik noch Meinen über alles ging und Zählen als banal bis suspekt galt. Vor dem Hintergrund von Daten aus zwei Jahrzehnten charakterisierte Weinert 1999 in »Psychologie heute« die »Irrtümer der Schulreformer« in ungewöhnlicher Offenheit – eine Art Startschuss für die »empirische Wende« in der innerdeutschen Bildungsdebatte:

- sie unterschätzten die Bedeutung der Wissensvermittlung für den Erwerb von Schlüsselqualifikationen;
- sie überschätzten die Selbstbestimmungsfähigkeit des lernenden Schülers;
- sie seien bestrebt, Leistungsunterschiede zu nivellieren;
- sie wollten vor allem über schulorganisatorische Veränderungen bessere Lernqualität erzielen.

Tatsächlich könnten die Lernleistungen nur dann steigen, wenn sich die Unterrichtsqualität verbessere; der Unterricht müsse vor allem für ein besseres Verständnis der Inhalte sorgen und dazu sei stärkere Differenzierung, mehr Abwechslung und weniger Zwischenbenotung vonnöten. Guter Unterricht sei diejenige Art der Lernorganisation, die sowohl intelligentes Wissen vermittle (hierfür sei die Methode »direkte Instruktion« am geeignetsten) wie auch Handlungskompetenzen aufbaue (dafür sei angeleiteter Projektunterricht besonders zweckmäßig).

Auch die größten Reformeuphoriker konnten diese Bilanz nicht ignorieren – sie gingen aber höchst unterschiedlich damit um. Die damalige NRW-Kultusministerin *Gabriele Behler* etwa hing Weinerts Plädoyer für eine Rehabilitierung des lehrergeleiteten Unterrichts keineswegs an die große Glocke, wie es sich für einen förmlichen Paradigmenwechsel gehört hätte, sondern veröffentlichte es höchst verschämt in einer schmalen Broschüre, die nur die wenigsten Lehrer zu Gesicht bekamen. *Hilbert Meyer* dagegen, renommierter Hochschullehrer in Oldenburg, wurde deutlicher. Zwar war er nur drei Jahre seines Lebens als Lehrer tätig gewesen, gleichwohl galt er seit geraumer Zeit als eine Art Papst der deutschen Lehrerausbildung. Meyer tat etwas, was Geistesgrößen und Prominente nur selten tun: In einem Buch mit dem Titel »Was ist guter Unterricht?« gab er 2004 öffentlich zu, sich geirrt zu haben. Lange Zeit sei er der Meinung gewesen, Unterricht mit hohen Anteilen an Selbstregulation der Schüler sei dem traditionellen Unterricht weit überlegen.

»Bei der Einarbeitung in neuere Forschungsbefunde war ich überrascht, eine ganze Reihe liebgewordener Vorurteile über die Merkmale guten Unterrichts aufgeben zu müssen. (…) Ich stelle aufgrund dieser Forschungsergebnisse fest: Ich muss auf meine alten Tage umlernen! (…) Die Über- oder Unterlegenheit bestimmter Unterrichtskonzepte lässt sich zurzeit empirisch nicht nachweisen.«

Auch darin kann eben Fortschritt bestehen – im Eingeständnis von Irrtümern oder Übertreibungen! *Herbert Gudjons*, früher ein markanter Befürworter des »zarten Reformpflänzchens« unterrichtlicher Öffnungen, ist auf andere Weise zurückgerudert. 2004 verwies er überraschend deutlich auf die »innere Widersprüchlichkeit« des Offenen Unterrichts. Aus der Falle »Die Schüler sollen doch nur das wollen, was sie schon längst gesollt haben« gebe es letztlich keinen Ausweg, Öffnung könne deshalb immer nur Teilöffnung sein: Bei der Auswahl von Lernzielen bedürften Schüler der Beratung; Lerninhalte und -materialien könnten ebenfalls nicht nach Belieben gewählt werden, sondern nur aus einem Angebot des Lehrers. Auch sei es Sache des Pädagogen, Schüler vor frustrierenden Lernsackgassen zu bewahren; und die sinnvolle Auswertung von Lernergebnissen sei ebenfalls ohne Lehrer nicht zu denken. Ein katastrophaler Fehler sei es insbesondere, wenn man die Schüler das Anforderungsniveau bestimmen lasse – ohne Herausforderung durch ein Gegenüber eben kein Lernzuwachs. Eine wohltuende Nachdenklichkeit, die vom Offenen nicht allzu viel übrig ließ.

Mittlerweile lassen sich Risiken und Chancen offener Unterrichtsformen auch empirisch fundiert beurteilen. Man muss dazu allerdings – und das ist lange Zeit versäumt worden, eine rühmliche Ausnahme bildet *Henning Günthers* früher Forschungsüberblick »Kritik des offenen Unterrichts«– auch in die englischsprachige Fachwelt hineinhören. *Martin Wellenreuther* hat das getan und festgestellt, dass bislang keinerlei ernstzunehmende Belege für die Lernwirksamkeit des offenen Unterrichts existieren. Offene Unterrichtsformen seien nachweislich deutlich weniger effektiv als das Methodenarsenal lehrergeleiteten Unterrichtens. Sie könnten zwar die Motivation steigern, aber nur dann, wenn sie auf einem soliden Wissensfundament aufbauen und wieder in eine verbindliche Zusammenfassung münden. Ausgesprochen schädlich indes wirkten sie, wenn neue Inhalte eingeführt werden – sowie generell bei schwächeren Schülern. *Hermann Giesecke* hat deshalb einmal zynisch bemerkt, die Selbstlerneuphorie sei ein wunderbarer Einfall der Mittelschicht gewesen, ihre bisherigen

Bildungsprivilegien gegen die bildungsfernen Schichten zu verteidigen – Akademikerkinder kämen schließlich mit allen Lehrformen mehr oder weniger zurecht, zur Not würden die Eltern eben in ein paar Nachhilfestunden investieren.

Letzten Endes ist die Sache erstaunlich einfach. Jede Unterrichtsstunde ist zwar ein hochkomplexes interaktives Geschehen, sie besteht aus bis zu eintausend großen und kleinen Entscheidungen des Lehrers: bei der Planung, aber auch in den realen 45 Minuten zwischen dem Anfangs- und Endgong. Gedeih oder Verderb des Lernens hängen dennoch nicht von unüberschaubar vielen Faktoren ab. Die Forschergruppe um *Weinert* hat die Angelegenheit auf eine provozierend simple Formel gebracht: Unabhängig von Klassengröße und Schulsystem seien diejenigen Unterrichtsformen besonders lernwirksam, die »ein hohes Maß an themenbezogener Schüleraktivität mit einem hohen Maß schülerorientierter Lehrersteuerung verbinden«. In nur dreizehn Worten das ganze Geheimnis! Die Schüler müssen also tätig sein, aber nicht irgendwie, sondern stoffbezogen; und der Lehrer muss ihre Aktivitäten sinnvoll strukturieren und lenken! Diese Charakterisierung erfasst damit ganz unterschiedliche Arbeitsformen: die Auseinandersetzung japanischer Schüler mit offenen Aufgabenstellungen im Fach Mathematik ebenso wie ein vom Lehrer spannend inszeniertes Unterrichtsgespräch über ein Gedicht an einem bayrischen Gymnasium oder ein Gruppenpuzzle in einem Kölner Kunstgeschichtskurs. Offensichtlich gibt es in der Frage der Lerneffizienz keinen Königsweg, sondern – von Abwegigkeiten abgesehen – verschiedene Hauptwege. Entscheidend ist, dass die Schüler genügend herausgefordert, begleitet und unterstützt werden.

Im Rückblick muss man über den riesigen Umweg staunen, den sich die pädagogische Gemeinde geleistet hat! Dass dieses epochale Misslingen so gut funktioniert hat, hat vor allem zwei Gründe. Auf inhaltlicher Ebene wegen eines pädagogischen Zeitgeistes, der ebenso begeistert wie unkritisch durchs Land wehte, zunächst übertrieben antiautoritär, dann neoliberal enthemmt. Und in einem grundsätzlichen Sinne, weil Pädagogik eben mit Lentiproblemen zu tun hat, Sachverhalten also, bei denen Ursache und Wirkung zeitlich weit auseinanderliegen – valide Aussagen über kausale Zusammenhänge sind deshalb nur schwer zu gewinnen.

Hinzu kommt, dass Schulpädagogik in bürokratischen Institutionen organisiert wird. Und wenn sich eine fixe Idee wie die vom Selbstlernen dort erst einmal festgesetzt hat, dann bekommen eben die Referendare nur noch für individualisierten Unterricht gute Noten, werden derart instruierte Junglehrer schon nach kürzester Zeit (also ohne große Praxis) selbst wieder zu Ausbildern erkoren, werden Schulleitungen gedrängt, die Kollegien selbstlerneuphorisch weiterzubilden. Schrifttum und Debatte dieser Zeit sind voller skurriler Beispiele dafür, wie »pädagogische Illusionen« (*Giesecke*) mit allerlei Tricks gepflegt wurden. So »untersuchte« ein Referendar in NRW die Reize des Stationenlernens in weiterführenden Schulen im Rahmen seiner Staatsarbeit (!); sein Fachleiter führte diese – von Abhängigkeiten schwerlich freie – Abhandlung dann in einem eigenen Fachartikel als »wissenschaftlichen Beleg« für die Wirksamkeit des Stationenlernens an. Andernorts kehrte ein frischgebackener Schulleiter schon nach zwei Tagen in seine bisherige Lehrerstelle zurück: Er hätte es nicht über's Herz gebracht, gleich in seiner ersten Rede das Blaue vom Himmel erzählen zu müssen, ließ er hinter vorgehaltener Hand wissen. Und ein Lehrerausbilder im Ruhrgebiet, der sich gelegentlich mit kritischen Fachartikeln in die Debatte einbrachte, bekam am Rande einer pädagogischen Tagung von einem hohen Ministerialbeamten zugeraunt: »Schämen Sie sich eigentlich gar nicht?«

Die irritierenden und kraftzehrenden Volten der Schulpädagogik in den vergangenen 40 Jahren haben Schüler in ihrer Entwicklung behindert, Lehrern unnötige Kraft abverlangt und die Bildungsbürokratie kostenträchtig aufgebläht. Und vielleicht sind wir dabei sogar im Kreis gegangen. Derzeit werden die Schulen ja von Input- auf Output-Steuerung umgestellt: Während frühere Lehrpläne den Lehrern vorschrieben, was sie wie unterrichten sollten, beschreiben nun Bildungsstandards und Kompetenzraster, was die Schüler nachher können sollen. Mancher (nicht nur Außenstehende) sagt sich spontan: Junge, Junge, welch' ein Unterschied! Wo indes tatsächlich ein Fortschritt besteht – etwa in der Differenzierung zwischen inhaltlichen und prozessbezogenen Kompetenzen –, bleibt wenig Anlass zur Freude: Nicht nur der Erziehungswissenschaftler *Hans Werner Heymann* befürchtet, dass dies dank der verständlichen Fokussierung der Lehrer auf Testaufgaben wohl wenig Früchte tragen wird.

Der Schulpsychologe *Rainer Dollase* ist kürzlich auf einen ebenso verblüffenden wie naheliegenden Gedanken verfallen, wie man derlei Paradigmenkreiseln zukünftig verhindern könnte:

> *»Wie soll man eine verbesserte Qualität in unserem Schulsystem erreichen? Der einfachste Weg wäre, wenn man Lehrerausbildungsinstitutionen hätte, in denen Professoren mindestens einmal im Jahr einen Monat lang eine schwierige Mittelstufen-Klasse übernähmen und ihre weltabgehobenen Ideologien dort vor Ort testen. Wenn also diejenigen, die unsere Lehrer ausbilden, selber Experten für die Praxis wären. Dann hätten wir einen Zustand wie in der Medizin. Ein Chirurgieprofessor kann seinen Studierenden auch die Entfernung eines Blinddarms vormachen und die Studierenden lernen durch Beobachtung, also durch Vormachen und Nachmachen, wie man so etwas tut.«*

Ist es die da, die da oder die da?

Aus der Fülle des empirischen Materials resümierte der Didaktiker Hilbert Meyer 10 Merkmale guten Unterrichts – diese gälten unabhängig davon, ob es sich um stärker lehrerzentrierte (»Direkte Instruktion«) oder mehr selbstregulative Arbeitsformen (»Offener Unterricht«) handele.

- Klare Strukturierung des Unterrichts
- Hoher Anteil echter Lernzeit
- Lernförderliches Klima
- Inhaltliche Klarheit
- Sinnstiftendes Kommunizieren
- Methodenvielfalt
- Individuelles Fördern
- Intelligentes Üben
- Transparente Leistungserwartungen
- Vorbereitete Umgebung

Der Unterrichtsforscher Andreas Helmke extrahierte aus der Vielfalt der vorliegenden Studien ebenfalls 10 Merkmale für Unterrichtsqualität – mit Ähnlichkeiten, Überschneidungen, aber auch Akzentverschiebungen gegenüber Meyers Kriterien.

- Strukturiertheit, Klarheit, Verständlichkeit
- Effiziente Klassenführung und Zeitnutzung
- Lernförderliches Unterrichtsklima
- Ziel-, Wirkungs- und Kompetenzorientierung
- Schülerorientierung, Unterstützung
- Angemessene Variation von Methoden und Sozialformen
- Aktivierung: Förderung aktiven, selbstständigen Lernens
- Konsolidierung, Sicherung, Intelligentes Üben
- Vielfältige Motivierung
- Passung: Umgang mit heterogenen Lernvoraussetzungen

Auch in dieser Liste ließen sich einige Aspekte gesondert betonen.

- Lernphasen und Leistungssituationen voneinander trennen
- Systematisch Gelerntes praxisnah anwenden
- Lernstoffe vertikal vernetzen
- Lösungswege gemeinsam diskutieren

Lob der Lehrersteuerung

Wir dürfen also erleichtert sein: Wer möchte, dass Schüler in Deutschland erfolgreicher lernen, der braucht weder auf Umwälzungen des Schulsystems zu hoffen noch steigende Bildungsausgaben abzuwarten – er kann schon morgen damit beginnen, an jeder Schule, in jeder Unterrichtsstunde. Das größte Lernhindernis in vielen Klassen – die Passivität der Schüler – lässt sich gerade nicht dadurch beenden, dass sich der Lehrer stärker zurücklehnt oder gar ganz verschwindet. Entscheidend ist vielmehr, dass er die Lerngruppe intensiv, differenziert und präzise steuert. Dass dabei das persönliche Element, die intensive Beziehung mit den Schülern eine wichtige flankierende Rolle spielt, wird noch zu würdigen sein. Denn es ist wohl insbesondere das Zwischenmenschliche, das die Schüler aus den sie umgebenden Reizfluten auf bedeutsame Lerninhalte zu fokussieren vermag, und das über Rundlaufen oder Festfressen ihres »Lernmotors« entscheidet. Das vor 500 Jahren formulierte Diktum des *Erasmus von Rotterdam* gilt eben auch – womöglich gar verstärkt – unter den Bedingungen der Moderne: »Der erste Schritt zum Lernen ist die Liebe zum Lehrer – weil man die Liebe zur Wissenschaft von Heranwachsenden noch nicht erwarten kann.«

Die Bedeutung der Lehrerlenkung spiegelt sich denn auch in den jüngsten Kritierienkatalogen für guten Unterricht. Kaum ein Aspekt, bei dem die strukturierende und lenkende Aktivität des Pädagogen nicht eine entscheidende Rolle spielen würde! Der Lehrer soll und darf also wieder Steuermann des Lernens sein. Nachhaltiger Kompetenzzuwachs – d. h. weiter als bis zur nächsten Klassenarbeit, im Idealfall »für's Leben« – findet eben nur dann statt, wenn ein »Fachmann für Unterricht« dafür sorgt,

- dass die Lernaufgaben passend, gehaltvoll und interessant sind;
- dass die Lernmethoden nicht nur aktive Auseinandersetzung, sondern auch das Herausarbeiten systematischer Sinnzusammenhänge ermöglichen;
- dass die Lernmedien nicht ablenken, sondern anregen und unterstützen;
- dass der Lernstand immer wieder ehrlich bilanziert wird;
- dass die Schüler auch tatsächlich lernaktiv sind.

Das muss natürlich für jede Lerngruppe und jedes Lernthema differenziert organisiert und flexibel begleitet werden. Wenn der Unterricht dann noch abwechslungsreich, mäßig binnendifferenziert und mehrfach spiralig angelegt ist, bewegt sich der Mehrertrag gegenüber offenen Varianten zwischen 50% und 710%! (*Wellenreuther*)

Der Lehrer als Steuermann des Unterrichts – das klingt unmittelbar einleuchtend, nach 40 Jahren bildungspolitischer Wirren allerdings für manchen auch ungewohnt. Zudem wurde diese Methode ursprünglich unter der Bezeichnung direct instruction gehandelt – und dabei klingen in reformpädagogischen Ohren unwillkürlich ungute Töne an. »Moderner Frontalunterricht« – so der Titel einer deutschsprachigen Adaption dieses Konzepts (*Aschersleben*) – hat aber ebenso wenig mit monotonem Kathederpauken zu tun, wie »Unterrichtsrezepte« (*Grell*) eine Verengung von Seele und Verstand des Schulkindes bedeuten – im Gegenteil: Der scheinbar einfache didaktische Dreischritt »Demonstration/Präsentation – Üben unter Anleitung – selbstständiges Anwenden« entspricht dem aktuellen Stand der Kognitionsforschung und führt sowohl zu guter Klassenstimmung wie auch zu guten Lernergebnissen. Gleichwohl lohnt es sich, einige Facetten dieses Grundsatzes genauer zu beleuchten, die besonderes Stirnrunzeln erwarten lassen – oder gerne übersehen werden.

Selbstständigkeit braucht Führung

Ich erinnere mich noch an ein markantes Beispiel gutgemeinter Fehlsteuerung zu Beginn meines Lehrerseins. In einer 6. Klasse hatte ich Bruchrechnung unterrichtet und größten Wert darauf gelegt, dass die Schüler die Regeln des Addierens und Multiplizierens selbst herausfanden. Wir verwendeten also viel Zeit auf die Entdeckung und Herleitung der Regeln und – wie sich herausstellte – zu wenig auf deren Anwendung. Die Klassenarbeit gab mir prompt die Quittung: Viele, auch leistungsstarke Schüler hatten meine Lektion sehr wohl gelernt – jede einfache Rechenaufgabe leiteten sie umständlich her, anstatt die Formeln anzuwenden, verloren dabei viel Zeit, bekamen nur wenig geschafft. Offenkundig war ich auf einen Holzweg geraten, der mir indes selbst hätte auffallen können – etwa wenn ich öfter Zwischentests veranstaltet hätte.

Kein Fall von Fehlsteuerung scheint dagegen die Verwendung offener Aufgabenstellungen zu sein, wie wir sie etwa im japanischen Mathematikunterricht kennengelernt haben – unter dem Begriff Lernaufgaben finden sie neuerdings auch Eingang in deutsche Schulbücher. Japanische Lehrer arbeiten gerne mit Problemstellungen, die Lösungen auf unterschiedlich anspruchsvollen Niveaus zulassen. Die Frage etwa, wie lange der Treibstoffvorrat eines Flugzeuges ausreicht, kann man mittels kombinierenden Rechnens, durch eine Grafik oder mit Hilfe von Funktionsgleichungen beantworten. Während die Schüler individuell tüfteln, verschafft sich der Lehrer ein Bild davon, wer welche Lösungsart gewählt hat; später lässt er dann im Plenum die ganze Lösungspalette vorstellen – von einfach bis komplex. Dabei gibt es für jeden Schüler etwas Neues zu erfahren – also sind alle gut motiviert –, und die Schwächeren können von Stärkeren genau so weit profitieren, wie es ihr derzeitiges Verständnis zulässt. Dieses Vorgehen funktioniert natürlich auch deshalb in Japan so gut, weil die Kinder im »Land der aufgehenden Sonne« gewohnt sind, diszipliniert zu kooperieren.

Und weil ihnen die nachmittäglichen Yukus (Nachhilfeinstitute) genügend weitere Gelegenheit bieten, ihre Grundfertigkeiten zu trainieren. Aber die japanischen Lehrer sind eben auch nicht gestern durch dieses und heute durch jenes Bildungsexperiment aufgescheucht worden – getreu dem Landesmotto *kai-zen* hat man einfach daran gearbeitet, bereits bewährte Lehr-Lern-Strategien stetig zu verbessern.

Auch beim Unterrichtsgespräch spielt die Führungsfreude eine wichtige Rolle. Generationen von Referendaren sind dazu verdonnert worden, um das Fragen im Unterricht einen großen Bogen zu machen. Lehrerfragen seien – da von einem Wissenden gestellt – doch nur künstlich, sie wirkten oft bedrängend, ja bloßstellend, sie würden das Denken in eine bestimmte Richtung zwingen und die Selbsttätigkeit der Schüler hemmen. Schon 1909 geißelte der Reformpädagoge *Hugo Gaudig* den »Despotismus der Frage«, und noch 1986 wetterte der Psychoanalytiker *Aron Bodenheimer* gegen die »Obszönität des Fragens«. Als alleinseligmachendes Gegenmittel galt lange Zeit der Impuls – eine Aussage des Lehrers, die eine Aktivität des Schülers provoziert; ein Bild, das von selbst Fragen aufwirft; ein Problem, das unwillkürlich nach Lösung verlangt. Bei nüchterner Betrachtung der Kontroverse »Frage oder Impuls?« erscheint indes jede Einseitigkeit fragwürdig. Tatsächlich ist es wenig ergiebig, wenn im Unterricht komplexe Probleme durch den Lehrer ständig kleingearbeitet und die Schüler dabei förmlich totgeredet werden. Eine übertriebene Impulstechnik wirkt dagegen künstlich: Ein Lehrer, der nur stumm zeigt und präsentiert, wirkt auf Heranwachsende seltsam unpersönlich; er überschätzt zudem ihr Sachinteresse und verkennt ihre Beziehungswünsche. *Hilbert Meyer* jedenfalls hat auch die Lehrerfrage rehabilitiert – sie sei »das wichtigste Instrument zur Steuerung der Aufmerksamkeit der Schüler, zur Weckung von Problembewusstsein, zur Disziplinierung, Überprüfung und Ergebnissicherung«, je offener und weiter, desto produktiver.

Schulkinder stecken zwar voller Potenziale, aber das darf man nicht romantisieren. Es sind die Lehrer, die es in der Hand haben, ob sich diese Möglichkeiten im Unterricht auch hinreichend entfalten. Lehrer sind wie Kapitäne, die aus langer Erfahrung wissen, wie man mit Unwettern umgeht: ab wann es zu riskant ist, den schützenden Hafen zu verlassen; oder bei welcher Sturmstärke man das Schiff besser mit dem Bug in den Wind hält, statt es querschlagen zu lassen. Ein ungeübter Bootsführer müsste erst Verschiedenes ausprobieren – und würde dabei manches Mal kentern. Davon stirbt man zwar nicht immer sofort, aber es kostet zumindest eine Menge Zeit. Über je mehr Teilpatente die Heranwachsenden selbst verfügen, desto mehr nützen ihnen dann auch eigenständigere Lernformen.

»classroom management« ist denn auch der erstrangige Einflussfaktor auf guten Unterricht in der Metastudie von 1993 (*Wang, Haertel & Walberg*), die die Aussagen von 12.000 Einzelstudien verglich. Auf weiteren Plätzen folgen übrigens die Eigenschaftsmerkmale der Schüler sowie das Maß an elterlicher Unterstützung, aber auch die Art der Interaktion zwischen Lehrern und Schülern, innerhalb der peer group, das Klassenklima usw. Dagegen zeigen organisatorische und bildungspolitische Faktoren bei diesem Forschungsüberblick den geringsten Einfluss!

Was aber ist effiziente Klassenführung? 1976 erschien in Deutschland ein Buch mit dem Titel »Techniken der Klassenführung« – es war zwar bald ausverkauft, wurde aber merkwürdigerweise nicht neu aufgelegt. War seine Grundthese zu einfach oder widersprach sie einfach der damals vorherrschenden schulpädagogischen Ideologie? Der amerikanische Pädagoge und Unterrichtsforscher *Jacob S. Kounin* wies nach, dass Unterricht vor allem dann erfolgreich ist, wenn zwei Bedingungen erfüllt sind: Die Schüler sind vollbeschäftigt und sie zeigen wenig Fehlverhalten. Als charakteristisch für solchen Unterricht benannte Kounin Momente wie

- »Allgegenwärtigkeit« – der Lehrer bekommt alle Vorgänge mit und reagiert unmittelbar und angemessen;
- »Überlappung« – die Lehrkraft kann mehrere Vorgänge im Klassenzimmer parallel steuern;
- »Reibungslosigkeit« – es gibt keine Brüche, keine thematischen Inkonsequenzen, sondern die gesamte Unterrichtsstunde ist wie aus einem Guss;
- »Schwung« – es gibt keine Unentschlossenheit, was zu tun ist, keine Verzögerungen durch Überproblematisierungen von Schülerverhalten oder Arbeitsmaterialien;
- »Aufrechterhaltung des Gruppenfokus« – alle Schüler fühlen sich permanent angesprochen, möglichst viele sind beschäftigt und jegliches Tun wird von jemand anderem (Partner, Lehrer) kontrolliert.

Es leuchtet ein, warum der ZEIT-Kolumnist *Harald Martenstein* Recht hat mit seiner Behauptung, guter Frontalunterricht bei einem guten Lehrer sei das Beste, was es gibt. Gleichzeitig wird auch der Nutzen mancher Klippert-Methode verständlich: Die Schüler sind alle themenbezogen tätig, sie müssen sich miteinander über den Stoff unterhalten, jeder kann bei der Präsentation drankommen.

Kounin hat in verschiedenen Grundschulklassen gezeigt, dass ein Unterrichten nach diesen Prinzipien einen gigantischen Effekt auf den Unterrichtserfolg hat – sowohl im Frontalunterricht wie auch im Gruppenunterricht, bei normalen Schülern wie auch bei emotional gestörten Kindern. Und es handelt sich dabei keineswegs um einen engen Glückspfad – die Kounin-Prinzipien spannen offenbar einen Möglichkeitsraum für ganz verschiedene Unterrichtsstile auf. Auch hierzulande haben *Helmke & Weinert* festgestellt, dass – zumindest im Fach Mathematik – in erfolgreichen Grundschulklassen eine eigentümliche Vielfalt an Unterrichtsstilen praktiziert wird. Keiner der Lehrkräfte unterrichtete so wie ein anderer, jeder hatte ein ganz eigenes und manchmal auch extrem unterschiedliches Profil in zentralen Dimensionen der Unterrichtsführung – nur in Klarheit und Klassenführung stimmten alle überein. Es scheint demnach eine wechselseitige Kompensierbarkeit einzelner wünschenswerter Unterrichtsmerkmale zu geben. Es gibt nicht den einen, sondern viele verschiedene Formen des guten Unterrichtes. Vielfalt – nicht Beliebigkeit – tut also gut.

Es widerspricht den Kounin-Dimensionen übrigens keineswegs, den Schülern immer wieder begrenzte Freiheiten einzuräumen – nicht »kleine Fluchten«, sondern eine Auflockerung der engen Führungsphasen durch mäßige Mitbestimmung: unter verschiedenen Aufgaben wählen; entscheiden, in welchem Fach man heute trainiert; überlegen, wie man seine Übungszeit in dieser Woche aufteilt. Und je älter sie sind, umso öfter wird man das tun.

Unterricht, das ist nach Auffassung von *Rainer Dollase* vor allem ständige Überzeugungsarbeit: junge Menschen überzeugen, dass es sich lohnt, sich mit diesem oder jenem Thema zu befassen, einem netten oder weniger netten Mitschüler zuzuhören, gegen Unlust oder Ängste die Mühen des Lernens auf sich zu nehmen, auch wenn draußen die Sonne scheint, auch wenn man lieber über die letzte TV-Soap quasseln würde, auch wenn man im Web 2.0 ein ganz anderer ist. Dollase verweist auf die fünf Mechanismen zwischenmenschlicher Überzeugung, die *Robert Cialdini* in »Die Psychologie des Überzeugens« beschrieben hat:

- ► Mit anderen im Ausgleich leben: Es ist mir unangenehm, auf Kosten anderer zu leben – wer mir etwas gibt, dem gebe ich etwas zurück.
- ► Verpflichtungen einhalten: Wenn ich etwas versprochen habe, halte ich mich auch daran.
- ► Bewährtes nachmachen: Alle tun es, alle haben es, es hat großen Erfolg, es gibt tolle Vorbilder, deswegen tue ich es auch.

- Sich sympathischen Menschen anschließen: Eine attraktive oder nette Person tut es – deswegen tue ich es auch.
- Kompetenten Ratgebern folgen: Jemand besitzt fachliche Autorität, weiß genau Bescheid – deswegen tue ich es.

Auf die Schule übertragen hieße das: Schüler lernen dann und deshalb gerne, wenn

- der Lehrer ihnen etwas gibt, sich um sie bemüht,
- sie sich der Klassen- oder Schulordnung verpflichtet fühlen,
- sie Lernerfolg erzielen,
- die Mitschüler es auch tun,
- sie den Lehrer sympathisch und kompetent finden.

Fehlerfreundlichkeit

Lernen hat immer auch unangenehme Seiten – etwa den Kummer bei der Rückgabe einer Klassenarbeit. Saskia beispielsweise, bienenfleißig, sitzt jeden Tag doppelt so lange wie andere an den Hausaufgaben, hatte gerade in Geometrie das Gefühl gehabt, etwas verstanden zu haben – und jetzt wieder nur eine Fünf! Oder Sebastian: Schon seit Längerem schafft er es nicht, an seine Zweien und Einsen aus den früheren Jahren anzuknüpfen – nun muss er sich wieder nur mit einer Vier begnügen. Beide tun indes so, als wäre nichts; nur kurz schauen sie nach der Note und schlagen das Heft dann schnell wieder zu; keiner soll ihnen den Frust, das Gefühl des Scheiterns anmerken. Während die anderen Schüler ihre Fehler suchen oder mit dem Lehrer um einen halben Punkt feilschen, legt das Mädchen brav die Hände auf den aufgeräumten Tisch, nur ihre Augen schimmern leicht; der Junge hingegen beginnt, seinen Nachbarn mit dem Zirkel zu pieksen. Und der Lehrer? Bekommt er die inneren Dramen mit? Hat er Verständnis für den Kummer der beiden, kann er jedem etwas Tröstendes, vielleicht gar Ermutigendes mitgeben? Oder wird er den Kopf schütteln, sich gar tadelnd äußern – und damit die Niederlage komplett machen?

Auch bei selbstständigen Lernformen kann es schmerzen, etwa beim Vorstellen der Ergebnisse einer Gruppenarbeit. Der schüchterne Mehmet etwa vermag gar nicht wiederzugeben, was in der Gruppe besprochen wurde. Maria hingegen tritt zwar selbstbewusst auf, hat aber inhaltlich nur wenig verstanden. Zwei Arten von Misslingen coram publico – und wieder ist es vor allem die Frage, wie der Lehrer auf solche Unvollkommenheit reagiert. Wird sein Kommentar daraus eine beschämende Angelegenheit machen, flüchtet er sich in ein nebulöses »Hm, ja, vielleicht« – oder findet er Worte, die das jeweilige Ungenügen ermutigend auffangen?

Ein nicht unerheblicher Teil des Lernalltags besteht für viele Schüler aus Enttäuschungen und Sackgassen, Tiefs und Erfahrungen des Unvermögens, kurzum: aus kleinen wie großen Momenten oder Phasen des Nicht-Gelingens. Gerade Heranwachsenden tut das weh, sie würden solche Situationen am liebsten meiden. So verständlich diese Berührungsscheu ist, so wenig entwicklungsförderlich wirkt sie sich aus. Denn wer Angst hat, Fehler zu machen, der wird sich im Zweifelsfall höchstens für das Abwarten entscheiden. Und wer nach einer Niederlage über Enttäuschung und Selbstzweifel nicht hinauskommt, wird kaum sinnvolle Schlüsse für Verbesserung oder Neubeginn ziehen.

Es ist deshalb eine wichtige Schulerfahrung, dass man durch Schaden klug werden kann. Beim Dichter Christian Morgenstern hörte sich das um 1900 recht drastisch an: »Erst durch unzählige, bis ins Unendliche wiederholte leidvolle Erfahrungen lernt sich das Individuum zum Meister über sein Leben empor.« Joseph Beuys formulierte die Angelegenheit indes schon viel positiver. »Ich ernähre mich von Fehlern« – der Künstler wusste offenbar um ein wesentliches Geheimnis des Fortschritts – dass dieser nämlich ohne Rückschläge eher selten zu haben ist. Auch das Märchen von Hans im Glück sieht das Misslingen ambivalent und betont die optimistische Perspektive: Was auf den ersten Blick als Fehlschlag erscheint, wird letztlich zur Erleichterung, gar als Glück empfunden.

Damit aber ein Fehler, eine Krise auch tatsächlich Chance sein kann, nämlich ein Anstoß zum Überdenken liebgewordener Gewohnheiten, ein Impuls zur Veränderung, damit aus dem Scheitern also ein Voran-Schreiten werden kann, braucht es die richtigen Umstände – vor allem in pädagogischen Situationen, ganz besonders in empfindlichen Jahren wie der Pubertät. Eine 2001 dokumentierte Untersuchung über die Auswirkungen innerschulischer Beziehungskultur besagt, dass sich ein Drittel aller Schüler durch das alltägliche Lehrerhandeln blamiert fühlen, ein weiteres Drittel empfindet das zumindest teilweise so. Zwar kommt in solchen Befragungen immer auch eine gehörige Portion jugendlicher Überempfindlichkeit zum Ausdruck. Gleichwohl driften im hiesigen Schul- wie auch Erziehungsalltag allzu oft Absicht und Aktion auseinander – statt Beziehung und Bildung findet Beschämung statt. Beschämung, das ist die schmerzliche – und am liebsten verheimlichte – Furcht davor, ausgeschlossen zu werden, an Ansehen zu verlieren – weil man gegen die Erfolgsregel verstoßen, also einen Fehler gemacht oder etwas nicht gekonnt hat. Aus der Neurobiologie wissen wir, dass das Gehirn auf Scham reagiert wie bei anderen körperlichen und sozialen Schmerzen auch: Es schaltet in den Angstmodus, es sucht nach Fluchtwegen, sei es durch Ausweichen oder durch emotionale Erstarrung. Deshalb ist es für den Lernerfolg so kontraproduktiv, vom Lehrer, vor den Mitschülern beschämt zu werden: Das kreative Denken wird eingeschränkt, die Bereitschaft Neues auszuprobieren sinkt drastisch! Schüler, die das oft genug erleben, wirken regelrecht blockiert. Sie sind innerlich nur noch damit beschäftigt, die empfundene Scham abzuwehren: Sie verschanzen sich hinter chronischer

Langeweile, sie greifen zur Verachtung anderer, die die gleiche Schwäche haben, sie trösten sich mit Größenphantasien und Arroganz.

Nun beruht dieser wenig rühmliche Erzieherhabitus wohl in den wenigsten Fällen auf Böswilligkeit. Viele Lehrer sind einfach zu wenig geschult in Sachen Ermutigung: Sie haben zwar Unterrichtsfächer studiert, aber sich kaum mit Entwicklungspsychologie beschäftigt. Auch fühlen sie sich allzu leicht gekränkt, wenn ihre Bemühungen um Lernfortschritte nicht schnell genug Früchte tragen. Und vielleicht ist ja unser Menschenbild auch nicht allzu lernfreundlich: Liegt nicht dem pädagogischen Wirken hierzulande vielfach die Überzeugung zugrunde, in jedem Heranwachsenden stecke auch etwas Kulturwidriges, quasi Böses, das überwunden und zum Sozialverträglichen, gleichsam Guten hin gewendet, nötigenfalls sogar gezwungen werden müsse? In Japan hingegen treffen wir in Familie und Grundschule vor allem auf gelassene Gewissheit: Das kleine Kind wird schon alles lernen, wenn man es ihm nur oft genug freundlich zeigt – und ihm die nötige Anpassungszeit lässt. Indes muss man gar nicht unbedingt in die Ferne schweifen: Auch in Finnland gilt Zutrauen als Grundkategorie aller pädagogischen Beziehungen; die Einstellung ist nicht »Du sollst« – allerdings auch keineswegs »Mach, was du willst« –, sondern »Wir brauchen dich«.

Eine ganz entscheidende Weichenstellung für den Umgang mit dem Misslingen verdanken wir hierzulande wiederum *Franz E. Weinert*. Schon vor Jahren hat er die nur auf den ersten Blick paradoxe Forderung aufgestellt, die Schule müsse – wenn sie ihren Ertrag steigern wolle – klarer zwischen Lernen und Leisten unterscheiden, es handele sich nämlich um vollkommen unterschiedliche funktionale Kontexte. »Wer sich in einer Leistungssituation wähnt, bemüht sich in erster Linie darum, Erfolge zu erzielen und Misserfolge zu vermeiden. In Lernsituationen hingegen geht es darum, Wissenslücken zu schließen und unklar Gebliebenes besser zu verstehen.« Während es also hier darauf ankomme, Fehler zu vermeiden, müssten sie da als Erkenntnismittel geradezu willkommen sein. Tests und Klassenarbeiten dürften demnach durchaus anspruchsvolle Maßstäbe setzen, im normalen Unterricht indes gelte es, ein Klima der Fehlerfreundlichkeit zu etablieren. Denn in einer Atmosphäre, die die »Lust am Fehler« zulasse, könnten Schüler am ehesten gedanklich experimentieren, offen zweifeln und vernetzt denken.

Solches ›Lob des Fehlers‹ bedeutet keineswegs, das Misslingen zu idealisieren, es erkennt lediglich den Irrtum als Erkenntnisprinzip an – auf beiden Seiten. Dem Lehrer eröffnen Fehler ein Fenster auf den Lernprozess ihrer Schüler; den Schülern erlaubt Fehlerfreundlichkeit zu erleben, dass Unzulänglichkeiten nichts Bedrohliches sind, sondern etwas, das sie aushalten können – und das Wachstum erlaubt: »Das kann ich *noch* nicht, aber ich kann es lernen.« In einem solchen Klima kann auch die urkindliche Faszination des Fragens eher erhalten bleiben – oder wieder aufleben –, das unbekümmerte Eingeständnis, etwas noch nicht zu wissen, aber es erfahren zu wollen. Atmeten wir doch stärker den Geist von Picasso – er sagte sich oft: »das ist noch nicht gut genug, das kannst du noch besser machen, versuch es noch einmal«! Dann würde vielleicht sogar eine Nachprüfung oder die Wiederholung eines Schuljahres oder der Wechsel zu einer geeigneteren Schulform nicht als Niederlage erscheinen, sondern als wichtiger Teil des Sich-Findens und Entwickelns. »Da habe ich einmal versagt, aber in Zukunft weiß ich besser, worauf es ankommt.« Eine gute Schule ignoriert deshalb keineswegs den Fehler, macht aber immer wieder Mut, ihn gelassen in's Auge zu fassen – und beherzt auszubügeln.

Auch Lehrer machen übrigens Fehler – und es kann Schülern sehr guttun, wenn man daraus kein Geheimnis macht. Wenn ich mich vor aller Augen verrechne, ist das eigentlich ein Glücksfall für meine Klasse – jetzt kann ich vormachen, dass ein Irrtum nur

Vehler

Also wieder ganz von vorne! Zu Schuljahresbeginn habe ich die 7d neu zugewiesen bekommen, Mathematik, fünf Stunden pro Woche. Wenn nichts Gravierendes passiert, werden wir vielleicht drei Jahre miteinander zu tun haben.

Die Klasse erwartet mich gespannt. Mathe ist ja ein Hauptfach, von vielen gefürchtet, von ebenso vielen geliebt; da gibt's Klassenarbeiten, es hängt also schon einiges davon ab, wie ein Lehrer ist, wie man mit ihm zurechtkommt. Wir begrüßen uns, ich lasse meinen Blick über die Gesichter streifen, zwei oder drei sind mir schon irgendwo einmal aufgefallen, ach ja, ich war in den beiden vergangenen Jahren schon 'mal zur Vertretung bei dieser Gruppe.

»Wie viele von euch haben denn bisher eher gute Erfahrungen mit Mathe gemacht – oder finden das ein interessantes Fach?« Gut die Hälfte zeigt auf. »Und für wen war Mathe bis jetzt eher doof?« Jetzt meldet sich ein Drittel. Die Übrigen warten ab.

»Ich bin ja schon fast dreißig Jahre lang Lehrer«, sage ich dann, »und ich habe beobachtet, dass jeder Schüler in Mathe jederzeit besser werden kann. Wenn er es richtig anstellt! Na, was glaubt ihr, worauf kommt es an, wenn man mit Mathe gut zurechtkommen möchte?«

»Immer die Hausaufgaben machen«, ruft einer, »im Unterricht gut aufpassen«, ein weiterer, »vor den Klassenarbeiten alles noch mal wiederholen«, findet ein Mädchen, »alle Regeln sauber in ein besonderes Heft schreiben«, ein anderes.

»Gut, da wisst ihr ja schon einiges Wichtige«, resümiere ich, »aber das Wichtigste hat noch keiner genannt.« Stille, Ratlosigkeit, Stirnrunzeln.

Ich lasse sie nur kurz schmoren: »Dass man Spaß an Fehlern hat!«

Jetzt ist aber 'was los! Sie schauen sich kopfschüttelnd bis entgeistert an, es beginnt zu brodeln, was ist das denn für ein Typ, der hat ja merkwürdige Ideen – Fehler, das muss man doch gerade vermeiden, das darf doch gerade nicht sein!

Ja, und dann erkläre ich es ihnen. Dass kein Mensch ohne Fehler lernen könne; dass ich mich deshalb gerne mit Fehlern beschäftige, weil man ja vor allem daran etwas lernen kann – und weil man nur daran merkt, ***dass*** man überhaupt lernt;

dass sie deshalb auf den Tintenkiller ruhig verzichten könnten und Fehler lieber sauber durchstreichen, ja das Verbesserte ruhig farbig markieren sollten; so werde auch für sie selbst sichtbar, was sie wieder dazu gelernt haben. Und das Witzige sei: Je mutiger man sich beim Lernen mit seinen Fehlern beschäftige, desto weniger Fehler würde man dann in der Klassenarbeit machen.

Und dann warne ich sie vor: Im Unterricht würde ich häufig sagen »Das ist aber ein schöner Fehler!« – und das sei dann nicht ironisch gemeint. Oder ich würde finden: »Dieser Irrtum ist ja interessant, wie bist du denn darauf gekommen, da steckt bestimmt 'was Weiterführendes drin.« Freude an Fehlern also ja; dagegen Lachen über Fehler, das gebe es bei mir überhaupt nicht, das sei einfach out. Ich würde übrigens auch nicht ungeduldig, wenn eine Antwort länger als drei Sekunden auf sich warten lasse – und ich nähme auch nicht gleich die Klassenbeste dran. Allerdings dauere das Korrigieren von Klassenarbeiten bei mir etwas länger, ich gäbe mir nämlich größte Mühe, in den Aufgaben mit falschem Ergebnis nach richtigen Gedankenpartikeln zu suchen und dafür Teilpunkte zu geben – das wäre doch wohl nur gerecht.

Manchmal sorgt diese Einstimmung auch für Missverständnisse. Einmal hat mich nach meiner Anfangsrede ein guter Schüler beklommen gefragt, ob denn diejenigen, die keine Fehler machen würden, trotzdem gute Noten bekommen könnten. Ja, und dann gibt es auch Schüler, die meine Begrüßung dazu verleitet anzunehmen, ich sei ein lauer Lehrer – die bemerken ihren Irrtum aber schnell. Ich versuche übrigens, in Sachen Fehler auch ein gutes Vorbild zu sein: ich scheue mich nicht, Fehler einzugestehen, die sich auf Tafel oder Musterlösung eingeschlichen haben, ja ich lobe ausdrücklich diejenigen, die sie gefunden haben, ob ihrer Genauigkeit und ihrer kritischen Haltung.

menschlich ist, dass man sich bei Fehlern nicht zu schämen braucht. Oder wenn ich einem Schüler offensichtlich Unrecht getan habe: Die Lage kann sich ja nur verbessern, wenn ich meinen Fehlgriff einräume – was nicht bedeutet, dass ich dabei innerlich einknicke. Dennoch mag es auch hier Grenzen geben: Wenn ich eine heikle Gruppendynamik ungünstig angepackt habe, ist den Schülern mit einem neuen besseren Anlauf meist mehr gedient als mit einem – womöglich noch unterwürfigen – Schuldeingeständnis.

Sind wir Diagnosemuffel?

Neues Thema, neues Glück? Es klingt banal, wird aber in Unterrichtsalltag wie Fachdebatte oft übersehen: Ob ein Schüler Lernfortschritte macht, das hängt zunächst einmal und in ganz besonderem Maße von der Qualität seiner Vorkenntnisse ab. Wie gut er die gestrige Grundregel kapiert hat, davon hängt sein Verständnis der heutigen Spezialbeispiele ab. Was er am Anfang eines Schuljahres kann und weiß, das bestimmt über seinen Lernerfolg im kommenden Jahr – und zwar stärker als die Art des erteilten Unterrichts, so bereits frühe Studien von *Franz E. Weinert*. Deshalb war ja *Gieseckes* frühe Warnung vor einer »Vermütterlichung in der Grundschule« auch so brisant: Je weniger ein Kind dort effizientes Arbeiten gelernt hat, umso gefährdeter ist seine schulische Entwicklung in den weiterführenden Schulen. Ebenso schädlich hat sich für viele Kinder – insbesondere solche aus bildungsfernen Schichten – die lange Zeit modische Deregulierung des Kindergartens ausgewirkt. Wenn Drei- bis Fünfjährige zu oft selbst entscheiden dürfen, ob sie lieber im Matsch toben oder mit anderen malen oder basteln, verpassen viele natürlich einiges an feinmotorischer Schulung (Führen des Stiftes, Handhabung der Schere) – und hinken dann in der Grundschule vom ersten Tag an den Mitschülern und dem Lehrer hinterher. Letztlich gilt für jede einzelne Unterrichtsstunde: Nur dann vermag ein Schüler neue fachliche Inhalte aufgreifen und annehmen, wenn diese an bisherige Wissensbestände und Fertigkeiten anschließen können. Im Hausbau würde man sagen: Ohne Auflage kein Balkon, ohne Fundament keine Wand.

Vorwissen ist also die halbe Miete! Gleichwohl wissen viele Lehrer nicht genau genug darüber Bescheid, was ihre Schüler schon wie gründlich verstanden haben. So waren bei PISA 2000 nur 11 % der leseschwachen Jugendlichen zuvor von ihren Lehrern als solche identifiziert worden. Anders gesagt: Fast 90 % aller »Risikoschüler« hätten schon deshalb nicht individuell gefördert werden können, weil ihre Defizite zu wenig erkannt waren. Und mindestens ebenso nachdenklich müsste der IGLU-Befund von 2003 stimmen, wonach die Empfehlungen der Grundschullehrer zum Besuch weiterführender Schulen höchst ungenau waren – sie streuten über drei von fünf Kompetenzstufen! Die diagnostischen Fähigkeiten der Lehrer lassen also zu wünschen übrig, gleichgültig, ob es um Förderbedarf oder Schulformempfehlungen geht.

Was einzelne Unterrichtsstunden angeht, so sind die meisten Lehrer heute gewiss weiter, als es etwa im Roman »Die Buddenbrooks« der Lateinlehrer Dr. Mantelsack war. Der hatte ja feststellen wollen, ob und wie gut der junge Hanno Ovids Verse über das Goldene Zeitalter zu rezitieren vermöchte. Zu diesem Zweck fragte er den Jungen überfallartig ab – und konfrontierte ihn postwendend mit einer fatalistisch-vernichtenden Beurteilung: »Sie haben sich benommen wie ein Barbar, Sie sind ein amusisches Geschöpf, man sieht es Ihnen an der Nase an!« Keinerlei Berücksichtigung der altphilologischen »Vorgeschichte« des Jungen, von individuellen Entwicklungsimpulsen keine Spur! Solch' »statusorientierte Selektionsdiagnostik« (*Horstkemper*) verhindert natürlich Entwicklung, statt sie zu begünstigen.

Aber auch beim verheißungsvollen Gegenstück, der »prozessorientierten Förderdiagnostik«, gibt es Probleme – und zwar eine verbreitete Skepsis in der Lehrerschaft. Diese hat vor allem zwei Gründe: Zum einen kostet es viel Zeit, wenn man bei jedem einzelnen Schüler öfter als alle sechs Wochen einmal (nämlich bei der Korrektur größerer Tests oder von Klassenarbeiten) genau hinsieht. Und da deutsche Lehrer 50 % mehr Unterrichtsstunden geben als ihre japanischen Kollegen, dafür aber 50 % größere Klassenstärken haben als in Finnland, bleibt natürlich weniger Freiraum für den Blick auf's Detail. Zum anderen sind die gängigen Beurteilungsformen umstritten: Notenbeurteilungen gelten als aussagearm, grob, ja ungerecht; Wortzeugnisse dagegen sind für viele Eltern unverständlich, für viele Schüler zu wenig herausfordernd und für die Lehrer schwer vergleichbar. Außerdem sorgt die Ausbreitung der (inter)nationalen Testindustrie für verständliches Unbehagen – vom dauernden Wiegen werde die Sau doch auch nicht fetter.

Diese populistische Floskel hat einen wahren Kern – Diagnostik alleine nutzt nichts –, ist aber gleichwohl fatal, weil sie unterschlägt, dass Diagnose eine Bedingung guter Entwicklung ist. Schließlich können Lehrer nur dann eine gute Passung zwischen bisherigem Wissensstand und neuen Anforderungen herstellen, wenn sie über die Stärken und Schwächen ihrer Schüler genau im Bilde sind. Gerade jüngere Schüler haben große Schwierigkeiten, sich selbst einzuschätzen, sie empfinden ihre Schwierigkeiten in der Regel nur diffus, höchstens die Besten können stoffliche Lücken richtig einschätzen. Eine präzise Diagnostik galt deshalb schon *Weinert* als eine von vier Schlüsselkompetenzen für Unterrichtserfolg – neben fundierter Fachlichkeit, guter Fachdidaktik und effizienter Klassenführung.

Vieles spricht deshalb dafür, das diagnostische Element klassenintern auszuweiten. *Wellenreuther* etwa schlägt vor, die Schüler regelmäßig selbstkorrigierten Minitests auszusetzen. Nur dann nämlich können diese sukzessiv einen realistischen Eindruck von ihrem Schon-Können (Istwert) und dem Noch-Lernen-müssen

(Sollwert) gewinnen – und der Lehrer erliegt seltener der stets verlockenden Illusion, der Stoff sei schon verstanden worden. Solche Tests sind allerdings etwas anderes als benotete (und korrekturaufwändige) Miniklassenarbeiten; es handelt sich vielmehr um schriftliche Lernstandsmessungen, die die Schüler auch in Eigenregie einsetzen und (gegenseitig) auswerten können; sie dienen der selbstmotivierenden Lernsteuerung und nicht der beurteilenden Kenntnismessung: drei Wiederholungsfragen am Anfang vieler Stunden, eine gemeinsame Zusammenfassung am Stundenende, ein Resümee als Wochenabschluss.

Warum also in Mathematik nicht häufiger kleine Schülerselbsttests einsetzen – natürlich ohne Benotung?

- Ich schreibe drei bis fünf kleine Fragen an die Tafel, die Schüler beantworten diese sofort auf einem Blättchen.
- Die Schüler tauschen diese Zettel aus und prüfen die Antworten des Nachbarn zunächst still nach bestem Wissen.
- Nun diskutieren beide über ihre Einschätzungen, immer noch ohne offizielle Lösung.
- Jetzt erst präsentiere ich eine Musterlösung, beantworte Fragen und erfahre von den Defiziten einzelner Schüler.

Solche Minitests sind nicht nur informativ für den Lehrer, sondern auch motivierend für die Schüler: Bereits Gekonntes ermuntert sie unmittelbar, noch Unklares wird ihnen ohne Beschämung deutlich.

Im klassenübergreifenden Rahmen dagegen – also auf Schul- oder gar auf Landesebene – ist der diagnostische Wert von Testmaßnahmen begrenzt: Zwar können Vergleichsarbeiten und Lernstandserhebungen den Lehrer durchaus auf eigene Versäumnisse aufmerksam machen oder vor solchen bewahren. Man muss das Abschneiden einer einzelnen Klasse oder Schule aber immer auch »fair« relativieren – Schüler sind eben keine Fließbandbrötchen, sie entstammen unterschiedlichen Küchen, jede Klasse einer Jahrgangsstufe hat ihre spezielle Vorgeschichte, ihr eigenes Entwicklungsmilieu. Hohe oder niedrige Quoten an guten oder schlechten Schülern können allzu unterschiedliche Gründe haben: die soziale Schichtung der Eltern, die Unterrichtsqualität der Lehrer, den Förderaufwand der Schule. Insofern ist jede Veröffentlichung von Leistungsdaten im Sinne eines Klassen- oder Schulrankings strikt abzulehnen.

Ein Gedanke noch zur immer wieder aufflammenden Diskussion über die Aussagekraft von Grundschulgutachten. Die Forschung sagt: Aus den Schulleistungen und dem Arbeitsverhalten von Viertklässlern lässt sich deren zukünftiger Schulerfolg bei sorgfältiger Durchführung immerhin mit 60- bis 70-prozentiger Sicherheit prognostizieren – ab diesem Alter verändern sich nämlich die interindividuellen Leistungsunterschiede der meisten Schüler nicht mehr dramatisch (*Heller*). Zu einem späteren Zeitpunkt kann man jedenfalls keine höheren Trefferquoten nachweisen, und die weitere Schulbiografie hängt jetzt vom Verlauf der Pubertät ab. Umgekehrt fällt bei sechsjähriger Grundschulzeit die Klassenneubildung in ein schweiriges Alter. Zudem wirken sich dann die kumulativen Effekte (Matthäus-Effekt: Wer hat, dem wird gegeben ...) höchst ungünstig aus – und wer will schon E- und G-Kurse an der Grundschule einrichten? In der Frage der Eignungsprognose gibt es also keinen perfekten Weg, sondern nur einen optimierbaren: um sorgfältige Beurteilung bemüht sein, die systemische Durchlässigkeit nutzen, individuelle Förderung ernstnehmen. Würde man übrigens den Eltern die Schulwahl völlig freistellen, würde der soziale Gradient (die Abhängigkeit von Schulwahl und Herkunftsmilieu) noch stärker ausfallen als bislang.

Gute Laune

Es ist eigentlich das Selbstverständlichste von der Welt, taucht aber in den wenigsten pädagogischen Qualitätskatalogen auf: Mit Humor geht alles besser – auch das Unterrichten. Humor ist die Charaktereigenschaft bei Lehrern, die Schüler am meisten schätzen, mit stabilen Umfragewerten über Jahrzehnte hinweg. Genauer gesagt: Sie schätzen Lehrer mit hohen Werten an Heiterkeit, einem Mittelmaß an Ernst, und niedrigen Anteilen an feindlichen Humorformen wie Ironie oder gar Spott. Weniger gut weg kommt der Typ »heitere Nervensäge« (zu viel schlechte Laune), abgelehnt werden der »Zyniker« (reagiert zu häufig herabsetzend) und der »Trauerkloß« (hat keinerlei Humor). Die Psychologin *Birgit Rissland* hat das Lachen beim Lernen genauer untersucht und kommt zu dem Schluss, dass das Charakteristische am guten Humor eine »lächelnde, wohlwollende Einstellung zum Leben und dessen Widersprüchlichkeiten, eine Art heitere Gelassenheit« ist – also auch die Fähigkeit beinhaltet, einmal über sich selbst lachen zu können.

Leider geht es im Klassenzimmer oft alles andere als heiter zu – Schule gilt ja als erster Ernst des Lebens, und wir Lehrer meinen oft, diesen Ernst predigen zu müssen. Dabei könnte gerade Humor die oft heikle Situation des Lernens ungemein erleichtern: als wohlwollende Grundeinstellung, als auflockernde Kontaktaufnahme zu Stundenbeginn, als Unaufgeregtheit bei Fehlern, als ablenkend-entlastende Anekdote bei Verkrampfung und Prüfungsangst, als witziges Cartoon zwischen anstrengenden Aufgabenlisten, als entschärfende Bemerkung bei einem Konflikt. Wenn es etwas zu schmunzeln gibt, trauen sich Schüler eher auf noch ungesichertes Terrain; wenn ihnen Neues in guter Stimmung begegnet, können sie es sich besser merken. Humor und Heiterkeit beim Unterrichten sind also wichtige Aspekte des Klassenklimas – und der Lehrer ist nun einmal dessen Gestalter.

Indes hat sich das zwischenmenschliche Klima in unseren Schulklassen – nach den Aufbrüchen autoritärer Verkrustungen nach '68 – keineswegs durchgängig zum Besseren entwickelt. Der revolutionär gesinnte Lehrer in den Siebziger Jahren etwa konnte genauso ärgerlich werden wie die alten Pauker, wenn Schüler seine egalisierende Notengebung nicht goutierten oder die neuen Freiheiten im Unterricht gehörig ausnutzten. Und zwanzig Jahre später fand man ihn wiederum in verdrießlicher Grundstimmung, diesmal cool und gefrustet – seine pädagogischen Ideale schienen gescheitert, da machte er halt nur noch Dienst nach Vorschrift, bewarb sich in die schulferne Kultusbürokratie und plante im Übrigen die nächsten Kurzferien. Heute fahren Lehrer erneut »gerne« aus der Haut – wenn ihnen nämlich das Abschneiden ihrer Klasse oder Schule in den landesweiten Schulvergleichstests im Nacken sitzt und die Schüler nicht spuren. *Rainer Dollase* spricht denn auch seit geraumer Zeit von einer »Herzlichkeitskrise« im deutschen Schulwesen.

Diese Krise ist aber nichts Neues, sondern ein ständiger Begleiter des Schulwesens. Schon 1657 betonte *Johann Amos Comenius* in seiner »Großen Unterrichtslehre«, dass »die Lehrer leutselig und freundlich« sein sollten, um sich ihrer Schüler »durch keine Rauheit des Herzens« zu entfremden. Vielmehr sollten sie »durch väterliche Gesinnung, Haltung und Worte« die Herzen der Schüler zu gewinnen und so ihre Lernlust zu steigern trachten. Im Zuge des Ausbaus des preußischen Schulwesens verfasste 1782 der schlesische Pädagoge *Philipp Julius Lieberkühn* gar eine eigene Schrift mit dem Titel »Ueber die gute Laune des Schulmannes«. Wie »bei jedem Geschäfte, das eine freie Thätigkeit des Geistes und ein wohlwollendes Herz erfordert«, sorge gute Laune gerade auch beim Lehrer für grundsätzliche Berufszufriedenheit: Sie befördere die geistige Aufgeschlossenheit, erleichtere den Ideenfluss und erhöhe den Mut, erkannte Aufgaben anzugehen – und zwar beim Lehrer ebenso wie beim Schüler. Eine Vorahnung auf aktuelle Befunde der Hirnforschung – von der Lernwirksamkeit der Emotionen bis zur Existenz der Spiegelneuronen.

Nun kann man sich zwar vornehmen, gut gelaunt oder gar humorvoll zu unterrichten – indes: Der rühmliche Vorsatz könnte nicht lange vorhalten, Humor ist zunächst einmal Typsache. Aber auch Erwachsene können sich verändern. Viele Lehrer besitzen eigentlich einen humorvollen Kern, man müsste ihn nur von Ängsten oder vom Alltagsfrust ein Stück weit befreien. Als Gegenmittel zu solchen Trübungen empfahl *Lieberkühn* dem Lehrer schon vor über 200 Jahren – neben genügend Geselligkeit und körperlicher Tätigkeit – ein gesundes Selbstbewusstsein,

> »da man nicht oft den Beruf, auch nicht immer die persönlichen Verdienste des Schulmannes nach Würden schätzt, weil sie weder glänzen noch rauschen – so drücke das nicht seinen Sinn darnieder, vielmehr erhebe es sein Herz zu einer vernünftigen Selbstwürdigung, die ebenso weit von dem Stolz als von der unächten Demuth entfernt ist«.

Man meint, die Befunde heutiger Schulleistungsstudien anklingen zu hören: Auch in den PISA-Siegerländern genießt der Lehrerberuf durchweg ein höheres gesellschaftliches Ansehen als hierzulande – und ist mit einem geringeren Stundendeputat verbunden. So hängt die Laune des Lehrers denn nicht zuletzt auch davon ab, dass er nicht jedes Wochenende mit Korrekturen verbringen muss, dass er nicht immer umfangreichere Qualitätskataloge abarbeiten muss, dass er nicht immer später in den Ruhestand entlassen wird. Sonst gerät Unterrichten unweigerlich zur Überlastung – und ist dann schnell nur noch eine todernste Sache. Vielleicht wäre Schülern mehr damit gedient, wenn ihre Lehrer in Humortagebüchern witzige Metaphern und amüsante Anekdoten sammeln würden, statt sich mit tagelangen Methodenkonferenzen herumzuschlagen oder in papierträchtigen Schulprofilarbeitsgruppen zu langweilen.

Ziemlich Grell

»Direct teaching« oder »Unterrichtsrezepte« (*Grell*) – diese Bezeichnungen für ein bewährtes Unterrichtskonzept hören sich so an, als würde der Lehrer den Stoff wie ein Roboter abspulen.

Gemeint ist aber etwas anderes: Dass man die Schüler als heranwachsende Lernende wirklich ernst nimmt. Dass man ihnen beispielsweise zu Beginn einer Schulstunde offen mitteilt, was sie in den folgenden 45 oder 90 Minuten lernen können – anstatt sie im Verlauf der Stunde mehr oder weniger ratend herausfinden zu lassen, was der Lehrer sich denn heute wieder Neues ausgedacht hat. Dass man als Lehrer nicht so tut, als würden die Schüler etwas auch für ihn Überraschendes entdecken. Auch dass man ihnen keine Lernzeit durch irgendwelche Motivationsspielchen stiehlt, statt ihr Interesse am Mehr-Können direkt und sofort zu nutzen. Dass man insgesamt die Situation des Unterrichtens nicht durch das Heraufbeschwören einer »sozialpsychologischen Faktorenkomplexion« unnötig verkompliziert.

Beispiel Matheunterricht: Natürlich falle ich nicht sofort mit der Tür ins Haus, sondern unternehme zunächst irgendetwas, um Beziehung mit den Schülern herzustellen und eine gute Anfangsstimmung in der Klasse, eine gewisse Wärme zwischen uns zu erzeugen: Ein spontaner Scherz, eine launig erzählte Begebenheit vom gestrigen Nachmittag, eine Erinnerung daran, was gestern einer von ihnen Treffliches geäußert hat.

Dann teile ich ihnen aber ohne Umschweife mit, womit wir uns heute beschäftigen werden, notiere das Thema vielleicht an der Tafel, groß und gut sichtbar, verweise womöglich auf ein selbst angefertigtes Wandbild, das unser heutiges Tun in den bisherigen und noch kommenden Lernweg anschaulich einordnet.

Und dann kommt es natürlich sehr auf die Aufgabe an, die ich gewählt habe, das Einstiegsproblem. Wissen die Schüler bereits etwas über den Sachverhalt, können sie sich die Problematik vorstellen, haben sie eine spontane Meinung zu ihrer Lösung? Manchmal bitte ich sie, sich das vermutete Ergebnis mit Tinte auf eine Fingerspitze zu notieren. Dann muss sich nämlich jeder für eine erste Überlegung entscheiden, er kann unsere gemeinsame Lösung nachher damit vergleichen – und er hat etwas gemacht, was man eigentlich doch gar nicht darf: sich zu bekritzeln. In Japan bezeichnet man übrigens alles, was das Lernen für die Schüler irgendwie persönlicher macht, als *wet learning* – ein schöner Gegenbegriff zu »trockener Stoff«.

Jetzt gebe ich den Schülern einige Grundinformationen und erkläre erste Einzelheiten. Anschließend können sie sich an ersten Aufgaben verschiedenen Schwierigkeitsgrades versuchen; nach einer Schnupperphase – vor weiterem selbstständigen Bearbeiten – studiere ich dann mit ihnen mehrere ausgearbeitete und kommentierte Lösungsbeispiele. Je sicherer die Schüler dann bei den Grundkenntnissen sind, desto eher kann ich ihnen auch komplexere Aufgaben überlassen. Diejenigen, die sich zu Beginn noch sehr schwer tun, versammle ich für einige Minuten um einen Gruppentisch und wir klären ihre Fragen in kleiner Runde. Später schreiben wir dann das neu Gelernte in unser Regelheft, ganz ordentlich, aber in unserer Sprache – manche besitzen das Heft noch, wenn sie schon Karriere machen ...

Ich spreche natürlich auch gerne und viel mit den Schülern über Lösungswege und Verständnisschwierigkeiten, auch mit der ganzen Klasse. Faszinierend, wie verschiedenartig sie sich einem fachlichen Sachverhalt annähern! Und alle Unbeholfenheit will zunächst als Bemühen gewürdigt werden, darf aber gleichwohl immer größere Präzision gewinnen! Übrigens achte ich sehr darauf, dass in solchen Unterrichtsgesprächen möglichst alle Kinder zu Wort kommen – ich verlocke immer auch die eher scheuen, eine Idee beizusteuern oder sich mit einer Frage zu beteiligen. Und mir ist sehr daran gelegen, dass jeder, der schon etwas kann, phasenweise auch seinen Mitschülern hilft. Im trendigen Anglifizierungsmodus spricht man neuerdings gerne von little experts – aber Bezeichnungen wie »gegenseitige Hilfe« oder »Meister (des Wurzelziehens, des Kürzens o.Ä.)« sind doch auch nicht übel ...

Ach so: Gelegentlich endet eine Stunde auch schon einmal ganz anders als vorgesehen. Wenn nämlich ein Schüler einen Gedanken einbringt, auf den ausführlicher einzugehen es sich lohnt – dann werfe ich die Planung der Stunde über den Haufen und improvisiere eine neue Lernsequenz. Dazu muss ich natürlich mehr als nur die 08-15-Wege durch das Stoffgebiet kennen ...

Individuelle Förderung – Lösung oder Problem?

»Die Sache mit den Strahlensätzen würde ich bestimmt kapieren, wenn mir das einer noch ›mal in Ruhe erklären würde« oder »ich hab' nach jeder Stunde mindestens zwei Fragen, aber der Lehrer muss ja meistens direkt weg, und dann kann ich die Hausaufgaben nicht, und dann versteh' ich in der nächsten Stunde schon gar nichts«. Solche Schüleräußerungen verweisen auf ein offenkundiges Defizit der bisherigen Schulpraxis, insbesondere im Sekundarbereich: Zum einen die verbreitete Knappheit an Lehrerzeit, zum anderen die weitgehende Gleichschrittigkeit des Unterrichts. Ob Einzelne hier oder da nicht mitkommen, ob Teilgruppen ein ganz unterschiedliches Lerntempo haben, darauf geht der reguläre Unterricht bislang nur höchst unbefriedigend ein – Förderarbeit ist vielfach noch ein schulisches Stiefkind.

Deshalb gilt »individuelle Förderung« als neues Zauberwort in der Schulpädagogik. Allenthalben werden gewichtige Förderkonzepte formuliert, dennoch bleibt zu prüfen, welche pädagogische Praxis sich jeweils hinter dem zustimmungsgewissen Etikett verbirgt. Die einen wittern nämlich eine neue Nische für offene Unterrichtsformen, andere wehren sich gegen unsinnige Visionen wie »jedem sein individuelles Arbeitsblatt«. Und manchem vergeht die Förderlust auch ganz schnell wieder – wenn er etwa im nordrhein-westfälischen Amtsblatt für die Schulen von August 2008 blättert: Dort wird befürwortet, nach der »Schaffung einer positiven Lernkultur« zunächst eine »ressourcenorientierte Beratung auf systemisch-lösungsorientierter Basis« durchzuführen, aus der dann ein »bedarfsorientiertes Training nach dem Mini-Max-Prinzip« konzipiert werde, ergänzt durch die »Vermittlung lernstilorientierter Strategien«, »metakognitiver Kontrollstrategien« sowie motivational-volitionaler Stützstrategien« – schließlich die finale Empfehlung: Lerntagebücher! Der der Wirtschaftssphäre entsprungene Organisationsberater mag klatschen, dem Lehrer indes ist wenig geholfen – er wird sich eher schütteln angesichts solcher Auszüge aus dem modernen Wörterbuch pädagogischer Technokraten. Leistungsstarke Schüler haben es vergleichsweise gut: Ergänzende Lernanreize wie bilinguale Module, mathematisches Enrichment sowie Wettbewerbe aller Art sind schnell bereitgestellt, und bei diesem Leistungsniveau lassen sich auch offenere Arbeitsformen nutzen. Allerdings würde man den Schnelllernern nicht nur individuelle Beschleunigung wünschen, sondern auch soziale Zusatzimpulse, etwa mehr Gelegenheit zur fachlichen Unterstützung ihrer Klassenkameraden (»Schüler helfen Schülern«). Bei leistungsschwachen Schülern hingegen haben offene Unterrichtsformen in der Regel keine individuellen Fördereffekte, wie *Martin Wellenreuther* jüngst umfangreich dokumentiert hat. Stützmaßnahmen müssen vielmehr klar strukturiert und präzise angepasst sein, wenn sie dabei helfen sollen, Stofflücken zu füllen, Anschluss an das Klassenniveau zu finden, eine »Ehrenrunde« zu vermeiden. Nur dann handelt es sich um ehrliche Nachbearbeitung – alles andere wäre die Methode H&H (Hoffen und nicht so genau Hinsehen). Auf drei Ebenen kann sinnvolle Unterstützung ansetzen – und sie ist ohne größere institutionelle Umwälzungen durchführbar!

► innere Differenzierung im Rahmen
 des normalen Klassenunterrichts:
Man kann etwa alle Schüler, die die selbstständige Bearbeitung eines Aufgabenpools überfordert, zunächst an der Tafel zu einer kleinen Gruppe zusammenfassen und die erste Aufgabe gemeinsam mit ihnen lösen – auch, indem man ihnen den Gedanken- oder Rechengang konkret vormacht oder auf vorbereitete Beispiellösungen auf der Tafel oder einer Wandzeitung verweist. In einer späteren Zwischenphase lassen sich mit bedürftigen Schülern auch erste Fehler diskutieren und ausräumen. Individuelle Förderung kann übrigens bereits damit beginnen, wie man die Hausaufgaben bespricht: In Mathematik etwa durch die Ausgabe einer Muster-

lösung; während alle Schüler diese mit ihren Arbeiten vergleichen, kann man mit Einzelnen Unklarheiten diskutieren, bereits kundigere Schüler können dabei mithelfen oder weitergehende Fragen bearbeiten.

▶ spezieller ergänzender Förderunterricht:
Für größere Lerndefizite (zurückliegende Stoffgebiete, fachliche Lücken nach Krankheit oder Schulwechsel) sollten Schulen regelmäßig »Lernwerkstätten« (*Felten*) anbieten, die diesen Namen auch verdienen: In Mathematik etwa könnten »Beulen« in den Algebrakenntnissen »geglättet«, in Deutsch »Löcher« in der Orthografie »gefüllt« werden. Die personellen Ressourcen der meisten Schulen lassen das heute schon zu. Dazu benötigt man übersichtliche und leicht verständliche Trainingsmaterialien (Check-up-Blätter für den Unterricht oder die häusliche Nacharbeit) ebenso wie eine sensible und ermutigende Beratung durch den betreuenden Lehrer. Migrantenkinder empfinden oftmals zugewanderte Lehrkräfte als besonders hilfreich. Bei jüngeren Kindern könnte man auch verstärkt Lerntutoren aus der Oberstufe (etwa dem Pädagogik-Leistungskurs) einsetzen – das würde das positive peer-Potenzial nutzen.

▶ individuelle fachliche Nachhilfe durch Speziallehrer:
Bei gravierenden Lernschwierigkeiten sind Schüler heute vielfach gezwungen, auf privat finanzierte Nachhilfe zurückzugreifen. Unseren Schulen fehlen bislang genügend speziell ausgebildete Lehrer, wie sie nicht nur in nordischen Staaten selbstverständlich sind. In Neuseeland etwa erhalten Grundschüler, denen das Lesenlernen besonders schwerfällt, 60 individuelle Förderstunden durch zusätzliche Lehrkräfte. Das erscheint zwar im Moment teuer, erspart aber in den Folgejahren weitaus kostspieligere Maßnahmen. Manche spätere Dyskalkulie-Diagnose würde sich erübrigen, wenn man Kinder frühzeitig beim Aufbau des Zahlbegriffs unterstützen

würde. Jedenfalls wäre ein Teil des Geldes, das rührige Fördervereine für die Computervernetzung der Schulen sammeln, bei ein oder zwei Förderlehrern gewiss besser investiert.

Solche Maßnahmen setzen aber voraus, dass sich die Lehrer keinen »Verständnisillusionen« hingeben und den stofflichen Entwicklungsstand der Schüler detailliert kennen. Individuelle Förderung erfordert also präzise fachliche Aufmerksamkeit und Ehrlichkeit (die vielbeschworene diagnostische Kompetenz) – sowie eine positive Einstellung zum regelmäßigen Einsatz von␣klasseninternen Lernstandserhebungen. Mit den erwähnten notenfreien Minitests etwa können Lehrer und Schüler schnell herausfinden, welche Lernschritte jeder bereits bewältigt hat und welche im Weiteren für ihn anstehen.

Insbesondere an Gymnasien darf sich der Fördergedanke ruhig noch kräftig verbreiten, er steigert die Aufmerksamkeit für schwächere wie begabtere Schüler. Gleichwohl muss man (zumindest an Regelschulen) nicht ins andere Extrem verfallen und für jeden Schüler nach einem individuellen Förderplan rufen. Allzu schnell reduziert sich Unterricht dann nämlich auf das Bedienen einzelner Lernboxen – und darunter leidet sowohl das soziale Potenzial von Schule wie auch die Eigeninitiative der Lernenden. Ganz abgesehen davon, dass die entsprechende Papierarbeit leicht die pädagogische Beziehungsarbeit verdrängt – Listen sind bekanntlich geduldiger als Menschen. Und womöglich wohnt ja der zunächst so plausiblen Förderlogik auch ein neues Misslingensrisiko inne: Immer mehr Input des Lehrers führt nämlich keineswegs zwangsläufig zu unbegrenzt wachsendem Output beim Schüler, sondern kann auch jugendliche Apathie hervorrufen (weil die Erwachsenen ja schon so aktiv sind) oder in ein Versagersyndrom münden (weil die Anforderungen nie aufhören). Und zuweilen kann individuelle Förderung auch durchaus darin bestehen, zu Klassenwiederholung oder Schulwechsel zu raten – wenn ein Kind nämlich in allzu großen Rückstand geraten ist oder sich auf einem grundsätzlich anderen Anforderungsniveau besser entwickeln kann. Das gutgemeinte Prinzip stärkeren Eingehens auf den Einzelnen darf jedenfalls weder in Verwöhnung umschlagen (der bemühte Lehrer erwartet von seinem Schüler zu wenig eigenes Lernbemühen) noch in Verfehlung münden (der Kern der Lernstörung wird nicht richtig erkannt).

Neues aus der Neurodidaktik?

Die neuen bildgebenden Verfahren in den Neurowissenschaften haben manche falsche Hoffnung geweckt. Zwar ist das Organ, mit dem gelernt wird, tatsächlich das Gehirn; gleichwohl hat die Hirnforschung stets betont, dass ihre naturwissenschaftlichen Befunde pädagogische Erwägungen keineswegs überflüssig machen – und schon gar nicht eine völlig neue Sicht von Lehr-Lern-Prozessen zu bieten habe *(Becker).* Allerdings konnte sie in einigen Streitfragen zu Klärungen beitragen: So wird manch' altgediente schulmeisterliche Erfahrung durch »neuronale Korrelate« bestätigt, dagegen hat sich manch' innovative Lehr-Lern-Idee im Lichte der Empirie als reiner Mythos erwiesen.

Was also sollte eine durch Gehirnforschung
informierte Schulpädagogik berücksichtigen?

▶ Jeder Schüler kann unendlich viel lernen!
Die Hirnentwicklung unterliegt keiner rein genetischen Steuerung, sondern folgt einem dynamischen Modell: Das zunächst im Übermaß angebotene neuronale Material wird gemäß seiner Nutzung ausgeformt. Alle komplexen Leistungsmuster des Gehirns werden erworben, nicht (v)ererbt; später beobachtbare »Begabungen« sind

lediglich der Niederschlag früher intensiver spezifischer Erfahrungen und Betätigungen. Die zu einem bestimmten Zeitpunkt feststellbare Intelligenz ist also nichts anderes als die bis dahin erworbene Dichte und Stärke des neuronalen Netzwerks. Diese Gehirnstruktur bleibt jedoch bis ins Erwachsenenalter hinein plastisch, das heißt modifizierbar. Bei genügender geistiger Anregung und Aktivität kann jeder Heranwachsende also jederzeit noch intelligenter werden; es gibt keine sich endgültig schließenden Zeitfenster für schulisches Lernen.

▶ Lernen muss nicht ständig Spaß machen!
Es stimmt nicht, dass nur im Zustand des Wohlgefühls gelernt wird. Allerdings kann, wer sich schlecht fühlt, Gelerntes nicht so abspeichern, dass es für kreative Prozesse zugänglich bleibt. Wer Angst hat, vermag zwar noch einfache Routinen auszuführen, aber nicht mehr locker zu assoziieren. Als optimal lernförderlich sehen Lernpsychologen eine Situation leichten, anregenden Stresses an – man könnte auch von bewältigbarer Herausforderung sprechen. Es geht also um den Mittelweg zwischen Unterforderung (wirkt langweilig) und Überforderung (erzeugt Blockaden).

▶ Selbstwirksamkeit bringt's!
Besonders hohe Resonanz wird im Gehirn dann ausgelöst, wenn das eigene Tun irgendeine Wirkung auf die umgebende Welt hervorruft. Deshalb sind interaktive Computeraktivitäten so faszinierend – gleichgültig, ob konstruktiven oder destruktiven Inhalts. Deshalb verselbstständigt sich störendes Verhalten im Unterricht, wenn man ihm die falsche Beachtung schenkt. Und deshalb wirkt es so motivierend, wenn Schüler etwa eine eigene Zeitung erstellen und unter's Volk bringen – oder wenn sie (noch so trockene) mathematische Gleichungen tatsächlich geknackt bekommen. Aber auch das interessierte Eingehen von Lehrern auf Schüler ruft bei diesen Selbstwirksamkeitserleben hervor.

▶ Das Allgemeine ergibt sich erst aus dem Konkreten!
Regeln sollte man nicht verfrüht lernen lassen; die Großhirnrinde generiert Gesetzmäßigkeiten vielmehr automatisch, sobald der Lerner sich mit vielen passenden Beispielen beschäftigt und seine Erfahrungen durchdacht hat. Auch allgemeine Kompetenzen – etwa Problemlösestrategien – können nicht als solche erworben werden, sondern nur beim vielfältigen Behandeln problemhaltiger Beispiele – also dem Lösen einzelner Fälle. In Mathematik etwa bringt es nichts, die Schüler durch Stoffmengen zu hetzen – das hinterlässt außer Kurzzeitwissen nur labyrinthische Unübersichtlichkeit und letztlich Unverständnis. Fundierte Fachkompetenz entsteht vielmehr, wenn man die verschiedenen Grundtätigkeiten (das Argumentieren über mathematische Sachverhalte, das Erstellen mathematischer Modelle, den Gebrauch mathematischer Werkzeuge) an ausgewählten und abwechslungsreichen Beispielen (Zahlen, Funktionen, Daten, Formen) sorgfältig und beschaulich behandelt.

▶ Intelligenz ist nicht wichtiger als Wissen!
Wissen ist der entscheidende Schlüssel zu jedem Können, auch für schulischen Erfolg. Kinder, die sich in einem Spezialgebiet viel Wissen erworben haben, sind intelligenteren, aber weniger informierten Erwachsenen dort überlegen; ebenso hat ein intelligenter Schachnovize nur wenig Chancen gegenüber einem weniger intelligenten Experten. Nur dann können Menschen besondere Leistungen erbringen, wenn sie sich eine solide Wissensbasis aufgebaut haben, die sowohl Routinehandeln als auch flexible Nutzung ermöglicht. Das aber erfordert gezielte Übung und langfristige Auseinandersetzung mit dem Lerngegenstand. Dabei kann dann höhere Intelligenz durchaus von Vorteil sein: durch effizientere Verarbeitung, bessere Vernetzung und entwickeltere Denkstrategien.

Im Übrigen sollte man Transfereffekte nicht überschätzen: Das Gehirn ist kein Muskel, den man durch intensive spezifische Nutzung allgemein effizienter machen kann. Entgegen der landläufigen Meinung wird deshalb durch Lateinunterricht nicht das logische Denken an sich gefördert, allenfalls die Sorgfalt beim Ansehen von Wörtern und Satzkonstruktionen. Und verfrühter Fremdsprachenunterricht macht nicht nur nicht allgemein intelligenter, sondern kann auch zulasten von muttersprachlichen oder sachkundlichen Kompetenzen gehen.

▶ »Lerntypen« sind ein kontraproduktives Denkmodell!
Die verbreitete, von dem Biochemiker *Frederic Vester* in den Siebziger Jahren propagierte Unterscheidung in eher sprachlich geprägte und mehr räumlich-visuell orientierte Lern- und Denkstile wird von modernen Kognitionspsychologen nicht mehr für sinnvoll gehalten. Zwar beobachtet man bei jedem Schüler unterschiedliche Vorlieben, mit einem Problem umzugehen. Um einen Weg zu beschreiben, fertigt der eine spontan eine Skizze an, während der andere lieber zu Stichworten greift. Das rechtfertigt aber keine Schubladisierung in dem Sinne, dass der eine nur visuell, der andere ausschließlich auf verbalem Wege arbeiten könne. Der eine hatte eben noch zu wenig Gelegenheit, das Anfertigen von Skizzen zu lernen, während der andere noch nicht so geübt ist, Orientierungsangaben in Worte zu fassen. Aussagen über Lerntypen sind also höchstens Momentaufnahmen; es käme aber darauf an, Kinder mit einem breiten Repertoire an Problemlösungsstrategien vertraut zu machen. Denn manchmal braucht man ein Bild, weil es mehr sagt als 1000 Worte, bisweilen aber ist ein prägnanter Sachtext aussagekräftiger als ein ganzer Film. Ein Schüler, der Defizite beim sprachlichen Veranschaulichen zeigt, würde durch das Etikett »visueller Typ« nur in seiner bisherigen Schmalspurigkeit belassen werden.

▶ Lernprobleme sind keine Folge von »Verkopfung«!
Bei Lern- und Aufmerksamkeitsstörungen versucht man gerne, die Verbindung zwischen den beiden Hirnhemisphären durch soge-

nannte Integrationsübungen zu intensivieren und ein angebliches Übergewicht intellektueller Funktionen auszubalancieren. Solche Prozeduren beruhen aber auf Mythen. Zwar ist die linke Hirnhälfte vor allem für das Rationale und die Sprachverarbeitung zuständig und insoweit dominant, das Zentrum der Emotionen indes liegt gehirnmittig, im Limbischen System, und kreative Leistungen werden im Frontalhirn erbracht, also beidseitig. Wirklich hilfreich wäre dagegen, die intrapsychischen Lernhemmnisse aufzuspüren und ihnen entgegenzuwirken, z.B. durch mehr Unterstützung und Aufmerksamkeit seitens des Lehrers oder der Eltern.

▶ Attraktiver Lernstoff – das kann vieles sein!
Lernen – also Auseinandersetzung und Abspeichern – gelingt unter zwei Bedingungen besonders gut: Wenn die Problemstellung oder das erwartete Wissen für den Lerner neu ist, also überraschend und deshalb interessant. Oder aber, wenn die Lernsituation in anderer Hinsicht bedeutsam erscheint. Bedeutsam heißt soviel wie subjektiv nützlich – und das kann ganz Unterschiedliches bedeuten: eine brauchbare Anwendung, eine erfreuliche Belohnung (besser sein als die Schwester oder der Banknachbar, eine gute Note oder ein Zuschuss zum Taschengeld), der Kontakt oder gar der aufmunternde Blick eines Lehrers – oder einfach die frühere Erfahrung, dass Lernen etwas Bereicherndes ist, dass Erkenntnisse einem Glücksgefühle bescheren können. Es gibt also keinen a priori toten Stoff, wie auch kein Selbstlernblatt oder Gruppenpuzzle zwangsläufig reizvoll ist. Immer attraktiv wirkt es dagegen, wenn ein Lehrer begeistert ist: von einer Sache, von seinem Fach – und nicht zuletzt von seinem Gegenüber, dem Schüler! Solche Freude kann förmlich ansteckend sein – ein altbekanntes Phänomen, das durch die Entdeckung der Spiegelneuronen nun auch naturwissenschaftlich erklärt ist. Nichts motiviere das Gehirn so sehr zum Lernen wie die Beachtung, das Interesse, die Zuwendung, die Sympathie eines anderen Menschen, betont der Neuro-

biologe und Psychotherapeut *Joachim Bauer*: »Die stärkste Motivationsdroge für den Menschen ist der andere Mensch.« Deshalb ist es so wichtig, dass auch ältere Schüler einen Klassenlehrer haben, der sie in möglichst vielen Stunden unterrichtet – und beziehungsmäßig besonders aktiv ist.

Lehrer sind keine Zauberer

Lernen und leisten, gut und schön – aber: Muss Schule nicht auch erziehen? Ja, sicherlich! Kinder und Jugendliche sind noch im Werden begriffen, sie harren erst ihrer optimalen Entfaltung; ihnen muss man noch viel zeigen, kann sie durch vieles begleiten, zu vielem hinführen! Deshalb legen Schulgesetz und Verfassung dem Lehrer auch Erzieherisches ans Herz. Und damit würde dieser offene Türen einrennen: Viele Heranwachsende vermissen ja interessierte, selbstbewusste Einflussnahme förmlich; und viele Eltern treten der Schule mittlerweile mehr von ihrer Erziehungsaufgabe ab, als diese bewältigen kann. Aber kann die Schule überhaupt erzieherisch einwirken? Ist nicht schon ein Sechsjähriger alles andere als eine tabula rasa, bietet die Schule nicht nur begrenzte Einwirkungszeit, bestehen nicht fast immer (teilweise erhebliche) Differenzen zwischen schulischen Anforderungen und elterlichem Erziehungsklima?

Nun, worin besteht Erziehung in der Schule eigentlich? Sie ist kein Zusatzfach, sie findet vor allem implizit statt, während des Unterrichts, entlang der Lernfrage. Die Schüler entwickeln Genauigkeit oder Durchhaltevermögen, sie lernen, mit anderen zusammenzuarbeiten; sie gewöhnen sich daran, sich nicht mit dem ersten Eindruck von einer Sache zufriedenzugeben, Anstrengungen nicht auszuweichen, die eigene Meinung kundzutun, die Meinungen Andersdenkender ernstzunehmen; sie lassen sich durch Meinungen und Haltungen des Lehrers anregen. Der gute

Unterricht wirkt also selbst erzieherisch – die bekannte Losung *Hartmut von Hentigs* gilt eben auch umgekehrt: Die Sachen klären, die Menschen stärken. Auch darüber hinaus beeinflusst der Lehrer die Einstellungen der Schüler: wie er die Klassendynamik lenkt, aber auch, wie er die Welt außerhalb des Klassenzimmers kommentiert. Wenn er sich zur sozialen Ungleichheit in der Gesellschaft äußert, wenn er zur Frage von Krieg oder Frieden Stellung bezieht, wenn er seine Haltung zu Drogenproblematik oder Onlinesucht deutlich macht – all' das verhallt nicht ungehört in Schülerohren, bleibt nicht wirkungslos auf die Schülerseele – auch noch jenseits der Pubertät.

Selbstverständlich gelingen Bildung und Erziehung in kleineren Klassen – nein: nicht besser, sondern eher. Nach PISA wurde gerne die Behauptung verbreitet, zwischen Schulklassengröße und Leistungsniveau bestünde kein Zusammenhang – dies ist aber auf clevere Weise irreführend. Richtig ist lediglich, dass es die Lernwirksamkeit kaum beeinflusst, wenn man die heute üblichen 30er- mit 25er-Klassen vergleicht – allerdings würde schon dies die pädagogische Arbeitsbelastung erheblich senken, bekäme der Lehrer Freiraum für individuelle Förderung. Indes gibt es unterhalb einer Gruppengröße von etwa 17 Schülern einen drastischen Qualitätsanstieg; selbst in einer Zweiergruppe lernt man bekanntlich langsamer als im Einzelunterricht (*Dollase*). Der PISA-Sieger Finnland leistet sich Gruppenstärken von etwa 14 Personen – das bedeutet natürlich eine ungleich höhere Wertschätzung des Individuums.

Aber auch dem besten Unterricht sind Grenzen gesetzt – und diese liegen in der Person jedes einzelnen Schülers. Sicherlich ist es das gute Recht aller Eltern, für die Entwicklung ihres Kindes alles nur Wünschenswerte – bis hin zu Wunderdingen – zu erhoffen. Wenn indes Familien ihre Erziehungsaufgabe nur notdürftig versehen – und das kommt nicht nur in bildungsfernen Schichten vor –, dürfen sie sich nicht wundern, wenn auch der engagierteste

Lehrer daraus nur begrenzten Ertrag erwirtschaften kann. Wenn Kinder nicht schon früh gelernt haben, eigene Bedürfnisse aufzuschieben, Belastungen zu ertragen oder die Ratschläge Erwachsener ernstzunehmen, müssen sie in der Schule – unverschuldet – dafür büßen. Wenn Eltern in Kindheit oder Schulzeit zu wenig Zeit für ihren Nachwuchs hatten, dürfen sie sich nicht wundern, wenn der dann im Unterricht zum Zappelphilipp oder Störenfried wird – und sollten nicht den Lehrer für ausbleibenden Lernerfolg verantwortlich machen, sondern im familiären Bereich umsteuern. Das Bild von Schule als einem Dienstleistungsunternehmen ist jedenfalls verhängnisvoll: Als Kunde wäre man ja König, dürfte erwarten, dass einem die Welt zu Füßen gelegt wird, ohne dass man die Hände rührt. Das aber ist im Pädagogischen schlichtweg unmöglich – und wäre auch kaum sinnvoll. Bildung bleibt ein Angebot, und die Schule kann viel dafür tun, dass Schüler dieser Einladung möglichst weit folgen – bestimmte »Erfolgsquoten« aber wird man nicht von ihr verlangen können.

Allerdings: Manchmal mutet es schon ein wenig wie Zauberei an, was gute Lehrer bewirken können. Schaut man sich genauer an, wie diese Lehrer arbeiten, so fällt zweierlei auf: Zum einen kennen sie ihr »Material« (den Stoff, jeden Schüler) und »bearbeiten« es routiniert (die Vermittlung von Kenntnissen, die Lenkung der Gruppendynamik). Zum anderen sind sie auch in den peripheren Kontaktzonen der Schule aktiv, schaffen immer wieder Inseln der Beziehungshaftigkeit – ein kleiner Wortwechsel mit einem Schüler im Treppenhaus, ein ernsthaftes Gespräch mit einer kleinen Gruppe auf dem Pausenhof, im Elterngespräch. Offenbar handelt es sich um Lehrer, die darum wissen, dass eine gute Schule zwar viel mit sinnvollen Unterrichtsmethoden und interessanten Lerninhalten zu tun hat, vor allem aber eine menschliche Komponente, eine Beziehungsdimension besitzt. Gleichwohl sind solche Lehrer weniger Zauberer als Künstler, sie jonglieren mit vielen Beziehungsfäden, ohne das Lernziel aus den Augen zu verlieren. Sie erinnern an eine

Beschreibung, die ein Zeitgenosse 1762 von der Arbeitsweise des Barockkomponisten Johann Sebastian Bach gab:

»[...] wenn Du ihn sähest, wie er nicht etwa nur eine Melodie singt, sondern auf alle Stimmen zugleich achtet und von dreißig oder gar vierzig Musizierenden diesen durch ein Kopfnicken, den nächsten durch Aufstampfen mit dem Fuß, den dritten mit drohendem Finger zu Rhythmus und Takt anhält, dem einen in hoher, dem andern in tiefer, dem dritten in mittlerer Lage seinen Ton angibt; wie er ganz allein mitten im lautesten Spiel der Musiker, obwohl er selbst den schwierigsten Part hat, doch sofort merkt, wenn irgendwo etwas nicht stimmt; wie er alle zusammenhält und überall abhilft und, wenn es irgendwo schwankt, die Sicherheit wiederherstellt; wie er den Takt in allen Gliedern fühlt, die Harmonie aller mit scharfem Ohre prüft, allein alle Stimmen mit der eigenen begrenzten Kehle hervorbringt.«

Den beziehungshaften Aspekt des Unterrichtens professionell zu handhaben, das ist eine bislang vernachlässigte Seite des Schulwesens. Das folgende Kapitel will zeigen, welche Potentiale Lehrern wie Schülern winken, wenn die Bildungsarbeit stärker unter psychologischen Gesichtspunkten gesehen wird.

Draußen

Jetzt also doch eine Kurztour. Eigentlich machen unsere 10er keine Klassenfahrt mehr – die Schüler waren ja schon in der 8 eine Woche miteinander unterwegs. Aber vor dem Beginn der Oberstufe, bevor sich die bisherigen Klassenverbände auflösen, kommt doch oft Wehmut auf – der Abschied vom jahrelangen Miteinander soll nicht sang- und klanglos vonstatten gehen. Und deshalb kriegt man dann bisweilen ein oder zwei Wandertage genehmigt.

»Wir wollen nach Amsterdam fahren!«
»Ich kenn' in Belgien einen super Ferienpark!«

Ich kann in solchen Situationen sehr irritierend sein. »Ach 'was, Stadt der Grachten, da gibt's zu viele streunende Kiffer, das kann ich nicht verantworten«, sage ich dann, oder »Entspannung pur, das ist viel schöner ohne mich, dann könntet ihr euch sogar unkontrolliert besaufen«. Man darf in diesen Dingen ruhig cool und entschieden sein. Nein, bei mir muss eine Schulfahrt etwas bringen, was nur in dieser Konstellation zustande kommt. Das denke ich übrigens nicht nur wegen der Vorschriften und dem sauer verdienten Geld der Eltern – ich selbst will etwas davon haben. Also habe ich Berlin ins Spiel gebracht, da kommt man günstig mit dem Zug hin, muss sich keine Gedanken um Erbrechen im Bus und Sekundenschlaf des Busfahrers machen.

»Berlin, hört sich geil an.«
»Da soll's 'ne irre Disco geben!«
«Mal gespannt, was da ein Döner kostet!"

Nächste Enttäuschung: Bei meinen Fahrten soll man bereichert zurückkommen, mit etwas, das man alleine oder auch nur mit Freunden nicht erleben würde. Zwar waren wir dann tatsächlich 'mal in einer speziellen Schülerdisco für Besucherklassen: garantiert drogenfrei, Alkoholausschank nur nach Lehrermaßgabe (das hieß bei mir und den nicht volljährigen Schülern ganz klar: Nullgrenze). Die Hauptsache war jedoch: Wir haben gemeinsam überlegt, was eigentlich in Berlin einmalig ist. Discos, Wolkenkratzer, Museen, mehrere Flughäfen – das gibt's woanders doch alles auch. Aber welche

Stadt hat schon in 50 Jahren zwei verschiedene Diktaturen erlebt? Und was ist davon heute noch alles zu sehen, anzufassen, nachzuerleben? Was ist überhaupt Diktatur, was fühlt sich daran anders an als in unserer Demokratie? Deshalb galt dann im Kunstunterricht wochenlang das Motto »Nur in Berlin!« Die Schüler konnten dank Internet alles Bildhafte zum Thema vorab ausfindig machen und einander in Referaten vorstellen. So entstand unsere spezielle Hitliste, aus der dann jeder seine persönlichen Wünsche für Besichtigungen auswählen durfte. Meine Vorgabe war nämlich gewesen: Ein Drittel der Zeit gemeinsam, ein Drittel in gewählten Themengruppen, ein Drittel nach Belieben (also mindestens zu zweit). Nach dem Unterricht hatte ich übrigens – als freiwilliges Angebot, mehr als die Hälfte nahmen es an) auch Spielfilme über junge Menschen in Gewaltregimes gezeigt, »Sophie Scholl – die letzten Tage« und »An die Grenze« – das kann mehr unter die Haut gehen als der Besuch einer Erinnerungsstätte oder nur ein Arbeitsblatt.

Ja, und dann haben wir's getan: An einem Donnerstagmittag los, samstags dann nachts wieder zurück, 48 Stunden vor Ort. Holocaust-Mahnmal, Filmfabik Babelsberg, Stasi-Knast Hohenschönhausen, Fähre über den Wannsee, Wanderung entlang der Mauerlinie; und dann noch der eine dies und der andere das. Man könnte sagen: Es war ein bisschen gehetzt, man kam kaum zur Ruhe. Man könnte aber auch sagen: Es war eine Flut von Eindrücken, die auf vorbereiteten Boden fiel – und keiner kam auf dumme Gedanken.

Zumeist protestieren Schüler erst einmal heftigst, wenn man ihren spontanen – meist von oberflächlichen Konsumvorstellungen geprägten – Fahrtenwünschen skeptisch gegenübersteht, gar eine Absage erteilt. Kein Wunder, viele können sich einfach zunächst nichts anderes vorstellen. Man muss sich in dieser Situation als Lehrer einfach sicher sein, was letztlich zählt: Dass man Neues zu sehen bekommt, dass man Interessantes unternimmt, gute Klassenstimmung, keine Langeweile. Dann erübrigt sich auch die Hauptfrage mancher Klassenfahrt: Gibt's genug Bier?

Überhaupt der böse Wille ist niemals der Beginn, immer die Folge der Entmutigung. Wir haben keinen Anlass, diesem bösen Willen zu zürnen, es ist ein letztes Aufraffen, wenigstens auf der schlechten, unnützen Seite des Lebens sich irgendwie hervorzutun, sich unangenehm bemerkbar zu machen. Die Lehrer sollen niemals mit Kindern kämpfen, nur untersuchen und nachdenken, und die Fehler im Aufbau des Lebensstils aufdecken.

ALFRED ADLER

3.
Psychologisch: Um Verstehen bemühen

Nicht Technokrat, nicht Therapeut

Martin war wohl ein hoffnungsloser Fall. Schon seit Jahren konzentrierte er seine jugendlichen Energien nicht aufs Lernen, sondern darauf, den Klassenclown zu spielen. Die Eltern, viel beschäftigte Friseursleute, hatten den einzigen Sohn voller Hoffnung zum Gymnasium geschickt, sein Traumberuf: Pilot. Aber er musste schon die siebte Klasse wiederholen, zwei weitere Versetzungen schaffte er nur mit Nachprüfung, und nun fiel das Halbjahreszeugnis der 10 geradezu vernichtend aus: In fünf Fächern eine 5, darunter drei Hauptfächer! Die Lehrer waren verärgert, die Eltern verzweifelt – alleine Martin schien wenig bekümmert –, dann würde er eben eine Schreinerlehre machen, der ganze Buchkram interessiere ihn sowieso schon lange nicht mehr.

Nichts Besonderes, mag man denken, dergleichen ist ja in den Hochzeiten der Pubertät keine Seltenheit. Und man kennt auch den üblichen Fortgang solcher Dramen: Die Erwachsenen beginnen entweder ein großes und oftmals vergebliches Zerren – oder sie lassen die Dinge mehr oder weniger laufen. Manchmal wendet sich dann doch noch alles zum Guten – der Jugendliche findet sich vielleicht in einer Lehre, oder er macht gar noch ein spätes Abitur – aber das ist Glücksache. Oft bleibt es bei einer beschädigten oder gar verunglückten Lernbiografie: Kränkungen des Selbstwertgefühls, geringere Chancen auf dem Lehrstellen- und Arbeitsmarkt, Anfälligkeit für eine Drogenkarriere, Unzufriedenheit mit einem Berufsweg dritter Wahl – und oft auch mit dem ganzen weiteren Leben.

Zudem schlägt solches Schulversagen bereits im Unterricht störende Wellen. Ein Klassenkaspar, das bedeutet ständige Unterbrechung mühsam errungener Konzentration auf den Lernstoff, das kostet den Lehrer viel unproduktive Energie, das beeinträchtigt eine ganze Klasse beim Lernen. Eine individuelle Tragödie wie die von Martin beinhaltet deshalb immer auch vielfältige Belastung für andere.

Martin ist damals allerdings weder Schreiner noch Pilot geworden – und schon gar nicht ist er unter die Räder gekommen. Heute arbeitet er erfolgreich als Sonderschullehrer. Überraschender Spätentwickler oder pädagogisches Wunder? Nun: Martins Schulproblem fiel in eine Zeit, in der es noch nicht »in« war, unruhige Kinder mit Ritalin »einfach« ruhigzustellen – und ihnen damit innere Entwicklung zu verbauen. In der 10. Klasse geriet Martin an zwei Lehrer, die über eine individualpsychologische Zusatzausbildung verfügten. Sie erkannten, in welche innere Sackgasse der Sechzehnjährige geraten war, und suchten zusammen mit der Familie einen Ausweg. Martin war nämlich eigentlich ein wacher, interessierter Junge. Aber beim Lernen fühlte er sich schnell verunsichert, vor allem im Vergleich mit anderen. Als Einzelkind war er immer »der Kleine« gewesen, die Eltern hatten ihn lange verhätschelt; zugleich hatten sie hohe Erwartungen gehegt, der Junge sollte es einmal zu mehr bringen. So war Martin in eine Zwickmühle geraten: Schulische Anforderungen einerseits und sein Selbstzutrauen andererseits klafften mehr und mehr auseinander. Die Pubertät hatte Martin dann einen scheinbaren Fluchtweg eröffnet: Mit Jux und Verweigerung erreichte er jetzt sehr viel leichter Aufmerksamkeit und Anerkennung als durch Lerneifer und Anstrengung.

Martins Ausweichmanövern hatte sich bisher niemand ernsthaft in den Weg gestellt, weder in der Schule noch zuhause. Die Lateinlehrerin etwa hatte zwar viel mit innovativen Lernformen und Selbstbeurteilungskonzepten experimentiert, sich aber nicht getraut zu sagen: »Hör 'mal, Martin! Obwohl du eine fünf nach der anderen kassierst, lernst du deine Vokabeln einfach nicht – ab heute machen wir es so: Du kannst immer erst dann nach Hause gehen, wenn du nicht gekonnte Wörter in der 7. Stunde nachgelernt hast – ich habe da noch Unterricht und schließe dir den Nebenraum auf.« Im Mathe-Förderkurs war ebenfalls ungünstig laboriert worden – da war Martin nämlich gerade herausgeflogen: Er hatte angefangen zu klagen, jetzt sei ihm schon dreimal hintereinander eine »Fünf plus« verpasst worden, das könne ja nur unlautere Absicht sein. Der Lehrer rechtfertigte sich, ein Wort gab das andere, irgendwann raunzte Martin: »Heul' doch.« Der Lehrer verwies ihn daraufhin des Kurses – formal im Recht, aber offenbar ohne größere Empathie: Schließlich war es der – eigentlich nachvollziehbare – Stolz des Sechzehnjährigen, der ihn für magische Erklärungen seines Versagens weitaus empfänglicher sein ließ als für die bittere des eigenen Unvermögens. Hilflosigkeit schließlich auch bei den Eltern: Bei den Hausaufgaben helfen konnten sie ihm nicht; stattdessen hatten sie sich auf regelmäßige Standpauken verlassen und gehofft, sein Tief werde sich schon wieder auswachsen.

Die beiden psychologisch versierten Lehrer nun durchschlugen diesen Knoten von Erwartungsdruck, Entmutigung und Freizügigkeit. Sie machten dem Jungen klar, dass er durchaus frei sei, die Schule abzubrechen, malten ihm aber gleichzeitig aus, dass er weitaus mehr könne als bislang gedacht. Für den Fall, dass er sein ursprüngliches Ziel – das Abitur – doch weiter verfolgen wolle, schlugen sie ihm etwas schier Unfassbares vor: Ab sofort müsse er seine Schularbeiten vollständig und gründlich erledigen – das werde täglich mehrere Stunden in Anspruch nehmen, aber Schule und Familie würden organisieren, dass er dabei nicht alleine sei; am Wochenende müsse er darüber hinaus seine Wissenslücken auffüllen. Zusätzlich boten ihm seine Mentoren an, regelmäßig mit ihm darüber zu sprechen, wie es ihm beim Lernen ergehe: Wo er sich unsicher fühle, was ihm guttue, wann ihm danach sei, alles hinzuschmeißen. Und auch die Eltern bekamen Aufträge: Sie mussten sich nun einmal im Monat mit den Lehrern austauschen. Und sie sollten zukünftig standhaft bleiben, wenn der Sohn über zu viel Stoff und Stress klage. Stattdessen würden sie sich verstärkt dafür interessieren, was er jetzt schon mehr könne als sie.

Von einem Tag auf den anderen begann Martin, unermüdlich zu lernen. Innerhalb weniger Monate schaffte er – wenn auch knapp – die Versetzung in die Oberstufe. Ohne weitere Verzögerung und mit allmählich reduzierter Unterstützung bestand er drei Jahre später das Abitur. In der Zwischenzeit war ein überraschender Entschluss bei ihm gereift: Er würde sich in die Lehrerausbildung begeben und pädagogischer Spezialist für Entwicklungsstörungen werden – um einmal anderen Jugendlichen Umwege wie den seinigen zu ersparen. Wem würde man eine solche Bildungswende nicht wünschen?

Unterricht – ein wenig beackertes Beziehungsfeld

Zweier wichtiger Grundpfeiler des Lehrerseins konnten wir uns in diesem Buch bisher vergewissern: der Notwendigkeit eines pädagogischen Selbstbewusstseins einerseits und dem Gebot einer Adäquatheit im Methodischen andererseits. Erst wenn – so Kapitel 1 – das grundsätzliche Rollenverständnis von Lehrern von früherer Engstirnigkeit (Stichwort Paukertum) wie von zeitgeistbedingter Verunsicherung (Stichwort Kumpelhaftigkeit) befreit ist, gewinnt man ein emanzipiertes Bild vom guten Lehrer. Und nur wenn – so Kapitel 2 – frühere Einseitigkeiten ergänzt werden (Stichwort Lehrermonolog), ohne modischer Unverbindlichkeit anheimzufallen (Stichwort Selbstlerneuphorie), bleibt die aufklärerische Potenz des Prinzips Unterricht gewahrt.

Bei einem dritten Grundpfeiler hingegen geht es weniger um Vergewisserung als vielmehr um Entdeckung: Psychologie im Lehreralltag, das ist nämlich eine Dimension, die entweder beargwöhnt wird oder die man als naturgegeben annimmt. Für *Hermann Giesecke* etwa birgt jedes allzu tiefe Sich-Einlassen auf ein psychologisches Verstehen von Lernproblemen und Verhaltensstörungen das Risiko, im pädagogischen Grundauftrag wankend zu werden – nämlich vom Heranwachsenden die Auseinandersetzung auch mit fremden und schwierigen Stoffen zu erwarten und einzufordern. Volkes Stimme dagegen erscheint das Psychologische als mehr oder weniger selbstverständlicher – und kaum erwerbbarer – Anteil am Pädagogischen: Der Lehrer »muss halt ein Händchen für den Umgang mit Kindern haben«, » das hat man eben oder eben nicht«, »das gehört einfach dazu« – so die unbekümmerten Formeln.

Auf dem Papier ist die Bedeutung von Pädagogischer Psychologie für die Lehrerausbildung heute unstrittig. Tatsächlich aber kommt von den Ergebnissen der psychologischen Forschung im Klassenzimmer relativ wenig an – aus mehreren Gründen. So nimmt wohl jeder Mensch ganz unwillkürlich an, mit anderen Menschen schon irgendwie umgehen zu können, »einfach so« eben – warum sollte man dann noch groß Zeit auf »Psychologie im Klassenzimmer« verwenden? Zudem werden psychologische Sachverhalte in der Lehrerausbildung vor allem kognitiv vermittelt und im Unterrichtsalltag nur selten reflektiert; sie können also nur schwer tiefenwirksam und damit handlungsleitend werden. Und sicher spielt es auch eine Rolle, dass im Laufe der Zeit unterschiedlichste Lerntheorien als aktuell galten, die in sich alle schlüssig schienen – so wirkte letztlich keine sonderlich zwingend. Darum bleibt auch nach vielen Seminaren oder gar Examensarbeiten für die meisten Lehrer vor allem eines als verlässlichste Richtschnur ihres pädagogischen Handelns übrig: das eigene Menschenbild sowie die eigenen Kindheits- und Schulerfahrungen. Diese – in der Regel unbewusste, gleichwohl gern rationalisierte – Subjektivität des konkreten Handelns in der Klasse wird allerdings von den gerade tonangebenden pädagogischen Zeitströmungen überformt. So tritt der durchschnittliche Lehrer je nach Zeitgeist 'mal stärker autoritär auf, 'mal gibt er sich mehr als Kumpel. Und das mit erheblichem Nachhall: Während viele Klassenzimmer noch zu Zeiten der 68er den Geruch preußischen Kasernendrills atmeten, riecht es heute dort weiterhin nach erzieherischer Verschämtheit.

Die landläufige Unterschätzung des Psychologischen in der Schule lässt das Unterrichten nun keineswegs allerorten scheitern. Während beim Arzt eine oberflächliche Beschäftigung mit dem Pathologischen, mit dem Kranken schnell unangenehme Folgen hätte, haben es viele Lehrer zuerst einmal mit dem normalen, dem störungsarmen Schüler zu tun. In unseren Klassen tummeln sich eben nicht nur Martins, sondern jede Menge Rebeccas und Dieters, Tanjas und Michaels: Mädchen und Jungen, die sich mehr oder weniger gut gelaunt durch den Schultag bewegen; die sich in der Regel auf den Unterricht konzentrieren, aber auch 'mal abschweifen; die gute Klassenarbeiten schreiben oder auch 'mal ausreichende; die 'mal Blödsinn machen, aber im Ganzen gute Mitspieler sind. Sie bereiten uns weder Sorgen noch Verdruss, sie können von unseren Anregungen profitieren, sie verkraften die Belastungen des Lernens gut und wachsen an ihnen.

Sicher, mehr individuelle Beachtung durch den Lehrer würde diesen Kindern gewiss gut bekommen: explizites Lob für Dieters sorgsam geführtes Regelheft; eine Erkundigung bei Tanja, ob der Streit in ihrer Clique wieder behoben sei; Interesse für Rebeccas Nachhilfebemühungen bei ihrer Nachbarin Nora; eine auf Michaels spezielle Interessen zugeschnittene Spezialaufgabe. Und solche scheinbaren Beziehungs-»Kleinigkeiten« wären nicht nur wichtig für die Kinder, sie wären auch eine Art beziehungsmäßige Feinwürze des Lehreralltags, gerade bei zunehmender Routine im Stofflichen.

Indes greift die Forderung »Mehr Psychologie im Klassenzimmer« wesentlich weiter. Zum einen geht es dabei um meine emotionale Grundhaltung als Lehrer. Ich mag zurechtkommen, auch schöne Stunden erleben, auch nette Klassen haben – aber bin ich eigentlich zufrieden, habe ich so viel Wirkung wie einmal erhofft, in der ganzen Klasse, bei einzelnen Schülern? Klingt meine unterrichtliche Grundmelodie vorwiegend ermutigend oder eher kritisierend? Begegne ich Schülern grundsätzlich beziehungsfreudig oder bin ich eher kontaktscheu? Und ist mein Einfühlungsvermögen – meine pädagogische Intelligenz – so differenziert, dass ich die innere Verstricktheit des vordergründig so rebellischen Metin, der scheinbar wahnsinnig faulen Alexandra erahne – anstatt ihnen unwillkürlich Sabotage und Unlust zu unterstellen? Erspüre ich die latente Mutlosigkeit bei Sabine – und vermag ich ihr entgegenzuwirken? Erkenne ich den inneren Druck, unter den sich Salvatore ständig stellt? Wie kann ich Sarah in ihrem Perfektionismus Linderung verschaffen? Gibt es einen Weg, den andauernd aufbrausenden Han zu beruhigen, ohne ihn durch äußerliche Disziplinierung innerlich zu verfehlen? Die Erfahrung zeigt, dass psychologische Menschen- und Beziehungskenntnis dem pädagogischen Bemühen ungeahnte Tore öffnen, den Wissenstransfer enorm verbessern kann.

Erst recht können Lehrer von psychologischem Enrichment profitieren, wenn es um größere Störungen geht. Schwierige Klassen müssen nämlich nicht schwierig bleiben, Problemschüler können sich weiterentwickeln – auch ohne Delegation an die Schulleitung oder externe (und damit fremde) Gutachter, sondern durch professionelle Intervention des vertrauten, empathiefähigen Lehrers. Bei Koray etwa, der in der Pubertät langsam aber sicher in seinen Leistungen abfällt und ohne weiteren Eingriff womöglich als Schulversager endet; bei den jungen Wilden in der 8c, die zunehmend das Ruder in die eigene Hand nehmen, während der Lehrer sich nur noch Rückzug oder Eskalation vorstellen kann; oder auch bei den Eltern von Paula, die für ihr Kind um jeden Preis eine Gymnasialeignung erstreiten wollen, und die dabei weder vor dem Feierabend des Lehrers noch vor der Frühstückspause der Klasse Halt machen.

Eigentlich liegt es auf der Hand: Schule – da betreiben Menschen miteinander Entwicklungsarbeit, also müsste die Verbindung von Pädagogik und Tiefenpsychologie für Lehrer einen besonderen Fokus bilden. Es lohnt sich deshalb, die emotionalen Dimensionen des Unterrichtens tiefergehend auszuleuchten: Was sich gefühlsmäßig im Schüler abspielt, was den Lehrer innerlich bewegt, wie beide aufeinander einwirken, vielleicht miteinander schwingen, aber auch einander verfehlen können – und das im scheinbar unproblematischen Alltag ebenso wie auch im Hinblick auf Störfälle, auf Krisen. Martin, der Schüler aus dem einleitenden Beispiel, war ja nicht einfach dumm oder böse. Nur blieb die innerseelische Dynamik seiner Lern- und Verhaltensschwierigkeiten lange im Dunklen. Seine bisherigen Lehrer hatten zwar gründlich ihre Fächer studiert, aber keinerlei psycho-diagnostischen Kompetenzen erworben. Und schon gar nicht war ihnen bewusst, ob und inwieweit sie selbst mit eigenen Persönlichkeitsanteilen in Martins Entwicklungsstörung verstrickt waren, vielleicht verstärkend, vielleicht aber auch nur unbewusst gewähren lassend. Insofern sind viele unserer Schulen förmliches Entwicklungsland in Sachen Psychologie – auch deshalb ist die Schulmeisterei oft so anstrengend, vielfach unergiebig, ja bisweilen zermürbend.

Tag für Tag:
Die richtige Stimmung machen

Ein Klassenzimmer ist nicht nur ein Ort der Wissenspräsentation und von Lernarrangements, es handelt sich auch um einen Bewährungsraum: Unterschiedliche, noch in Reifung befindliche Individuen müssen sich neue Kenntnisse und Fertigkeiten aneignen, kämpfen also innerlich mit Unzulänglichkeitsgefühlen in der Sache wie auch mit Konkurrenzaffekten in der Lerngruppe. Zudem ist die Klasse eine Beziehungsarena, ein »intersubjektives Feld« mit höchst komplexen Bedeutungszuschreibungen: Lehrer wie Schüler kommunizieren miteinander, auch emotional, und dabei sieht jeder die Regungen der Übrigen durch seine höchstpersönliche Brille. Wem es also mit »individueller Förderung« ernst ist, der darf nicht bei Arbeitsblättern und Diagnosebögen stehen bleiben. Er muss sich auch um Einblick in die Schülerseele bemühen und die beziehungspsychologische Dimension des Unterrichts ins Auge fassen. Dabei zeigt sich, dass es zweierlei ist, was Lehrer besonders lernwirksam sein lässt: eine ermutigende Grundhaltung sowie ein Sensorium für die individuellen – nicht selten irrenden – Deutungen im Beziehungsspiel zwischen Lehrer und Schülern.

Die Kunst der Ermutigung

In der Theorie ist die Sache klar: Dass Schüler erfolgreich lernen, hängt nicht nur davon ab, dass der Lehrer interessante Fachaufgaben souverän und methodisch angemessen präsentiert, sondern auch von seiner Fähigkeit zur Ermutigung. Den Schülern Lernfortschritte zuzutrauen, sie zum Bewältigen von Schwierigkeiten zu ermuntern, sie für errungenes Können zu loben – das gilt als selbstverständlicher Bestandteil modernen pädagogischen Wirkens. De facto aber erwischt man sich als Lehrer immer wieder

Baustellen

Paul etwa, ganz hinten, ein richtiger Störer – ein hyperaktives Kerlchen, unter vier Augen ist er höchst pfiffig in seinen Ideen und wendig im Gedankengang. Aber sobald er nicht vom Lehrer angeschaut und persönlich angesprochen wird, reißt sein Aufmerksamkeitsfaden und er versinkt im Strudel des peer-group-Brüstens (»Ich bin der Witzigste!« »Aber ich bin der Größte!«), genau genommen versinkt er nicht darin, sondern befeuert diesen pubertären Hexenkessel nach Kräften – und wenn sich an dieser Front gerade nichts tut, räumt er halt seinen Ranzen auf, oder leer, oder erledigt heimlich andere Hausaufgaben. Wie gesagt, er hat vielerlei Einfälle, nur bescheren ihm die in Mathematik und anderen Fächern abwechselnd Fünfen und Sechsen. Und er reißt nicht nur sich ins Unglück, er zieht auch andere mit. Ob man bei Paul nicht mehr tun könnte als nur seine Unruhe in Schach zu halten?

Auch Sarah wirft eigentlich dringende Fragen auf. Nicht weil sie stören würde, eher im Gegenteil – sie arbeitet bereits, wenn der Lehrer das Klassenzimmer betritt und die anderen noch ihr Pausengetobe oder Stundenanfangspalaver abhalten; sie löst immer alle Aufgaben richtig, kein Fehler des Lehrers bleibt ihr verborgen. Im angeblichen PISA-Musterland Finnland würde man eine solche Schülerin übrigens spüren lassen, dass sie zu weit geht, dass es irgendwie unanständig ist, so viel besser zu sein als ihre Mitschüler. Aber das würde das Mädchen beschämen und seine Kräfte unnötig dämpfen. Ist doch toll, wenn einer viel kann – aber es wäre noch toller, wenn er seine Gaben mit den anderen teilen würde – und sich ein wenig am lebendigen Treiben der anderen beteiligen könnte. Sarah dagegen hat oft einen etwas strengen Zug um den Mund – sie erträgt das langsamere Tempo, die häufige Begriffsstutzigkeit der anderen, ja auch gelegentliche Fehler des Lehrers nur mit Mühe. Und auch für andere ist sie ein wenig unangenehm, eine Art stiller Vorwurf. Ob man sie nicht öfter 'mal erleben lassen könnte, wie befriedigend es sein kann, wenn man das eigene Können mit der nötigen Behutsamkeit an andere weitergibt?

Oder Han, wiederum das völlige Gegenteil – leistungsbereit ist er, und laut, quasi im Guten. Sobald er einen Einfall hat, ruft er's in die Klasse; wenn er eine Aufgabe richtig hat, springt er auf und schlägt sich grölend auf die Brust. Er meint es nicht böse, aber er kann es auch nicht lassen. Strafen nimmt er ergeben an, er entschuldigt sich auch tausendmal für seine Störungen – setzt sie aber nach fünf Minuten fort.

Ganz anders Koray, gleich links von mir. Brav schreibt er alles von der Tafel ab, beherzt gibt er zu, die Hausaufgaben nicht verstanden zu haben, tapfer und unbesehen steckt er die ungenügenden Klassenarbeiten in den Ranzen, wie ein Boxer die Tiefschläge. Elterlicher Ehrgeiz oder die Fehleinschätzung des Grundschulgutachtens haben ihn in eine Schulform geraten lassen, die ihn nun schon seit Jahren am Rande des Abgrundes entlang wanken und sich ducken lässt; ein junger Mensch, der bei weniger beschleunigtem Lernen vermutlich deutlich aufblühen würde. Soll man ihn zu noch mehr Anstrengung, zu häufigerer Nachhilfe ermuntern, oder kann individuelle Förderung auch die sensible Korrektur einer falschen Schulwahl bedeuten?

Ach, da ist auch noch Salvatore, ruhig und fleißig, in der Mitte – ihn könnte man glatt übersehen. Ab und zu steuert er eine Antwort bei, und seine Klassenarbeiten sind auch unauffällig, zwei minus, drei plus, drei plus – eigentlich doch nicht übel! Aber Salvatore leidet, ganz still, man merkt es höchstens an einer Sorgenfalte auf der Stirn – und kurz vor den Zeugnissen, wenn er nicht einmal, sondern fünfmal fragen kommt, ob man ihm denn nicht doch noch die Note »gut« geben könne. Und wenn er dann auf die Erkundigung, warum ihm daran so gelegen sei, mit feuchten Augen antwortet, in seiner Familie hätten alle Brüder und Onkels stets eine eins in Mathe gehabt ...

Tja, und dann noch die Gruppe der jungen Wilden. Sitzen verteilt über den ganzen Raum, sind ständig miteinander in Kontakt, Blicke, Grinsen, manchmal ein Briefchen – auf jeden Fall ständig mit anderem als Lernen beschäftigt. Beim Klassenlehrer, einem selbstbewussten Mann mit klarer Ansage, geht es noch – ihm gegenüber haben sie genügend Respekt und warten ab. Aber wehe der etwas klein geratenen, schnell verunsicherbaren Deutschlehrerin: Papierkügelchen, höhnisches Gelächter, Scheindebatten über Nichtigkeiten – nur kein Lernen. Eine Ansammlung von Problemlernern, da steigt die Störungsrate rapide.

bei Äußerungen und Handlungen, die – nüchtern betrachtet – eher entmutigend wirken. Und warum ist es überhaupt so schwierig, bestimmten Schülern nachhaltig Mut zu machen?

Wichtige Hinweise zum Problemfeld Ermutigung verdanken wir einem zeitweiligen Mitarbeiter Sigmund Freuds, *Alfred Adler* (1870–1937). Anfang des 20. Jahrhunderts begründete dieser in Wien die Individualpsychologie, eine tiefenpsychologische Denkschule mit besonderem erzieherischem Akzent. Diese ist zwar schon 100 Jahre alt, für die breite pädagogische Praxis sind ihre Prinzipien aber nur in Ansätzen erschlossen. Ursprünglich Sozialmediziner, hatte Adler schon früh die Anfänge der Psychoanalyse begrüßt, entwickelte indes bald eine eigenständige tiefenpsychologische Lehre. Ihm schien das Verhalten des Menschen weniger von sexuellen Antrieben bestimmt als vom Wunsch nach sozialer Anerkennung. Dieser Blickwinkel erwies sich für die Pädagogik als gewaltiger Fortschritt: Plötzlich nämlich wurde nachvollziehbar, warum ein Kind diese oder jene Lernhaltung herausgebildet hatte, und in welche Beziehungsmuster sich Kinder und Erwachsene verstrickten. Adlers früher Brückenschlag zwischen Psychologie und Pädagogik eröffnete Lehrern damit einen neuen Zugang zu dynamischer Menschenkenntnis: Auch schwierigste Erziehungs- und Schulprobleme ließen sich aus individualpsychologischer Perspektive plötzlich treffsicher diagnostizieren und bearbeiten.

Ihren ersten größeren Praxistest bestand die Individualpsychologie übrigens gleich nach dem Ende des Ersten Weltkrieges. Damals wollten die Sozialdemokraten in Wien die Pauk- und Drillschulen der Monarchie durch eine moderne allgemeinbildende Schule ersetzen. Die von Adler geschulten Lehrer und Erzieher konnten diese Reformen bis zur Machtübernahme durch die Faschisten entscheidend prägen. Nach 1934 sahen sich die meisten Individualpsychologen dann aber zur Auswanderung gezwungen, so breitete sich die Individualpsychologie seitdem vor allem in Amerika aus. In Deutschland dagegen besann man sich – »dank« der starken Konkurrenz seitens der Freudianer – erst in den Sechziger Jahren wieder auf Adlers Ideen, was vor allem ein Verdienst seines Schülers *Rudolf Dreikurs* war. Dessen Buch »Kinder fordern uns heraus« genoss zeitweise den Ruf einer Elternbibel, sein Titel »Psychologie im Klassenzimmer« war damals in aller Lehrermund.

Was ist nun das Problem beim Thema Ermutigung? Ganz einfach: Dass Lehrer sehr oft die Notwendigkeit von Ermutigung verkennen. Lehrer sind zwar Fachleute des Wissens, aber nur selten Experten des Nichtwissens *(Daniel Pennac)*. Deshalb fällt es ihnen so schwer, die Entmutigung von Schülern im Unterrichtsalltag zu erkennen – denn diese tritt in der Regel getarnt auf: als störrische Begriffsstutzigkeit oder gar schier aussichtslose Dummheit, als mehr oder weniger renitente Faulheit, als lästiges Stören – oder auch als Unauffälligkeit. Alles nur Entmutigung? Ein kurzer Streifzug durch die kindliche Psyche mag das veranschaulichen.

Von Geburt an will jedes Kind grundsätzlich gerne lernen, sein Lernorgan, das Gehirn, kann quasi gar nicht anders, sagen uns heute die Neurowissenschaften. Aber zunächst kann das kleine Wesen noch sehr wenig, es erlebt sich – und dieser subjektive Blick ist der Fokus der Individualpsychologie – immer wieder als unzulänglich (»Minderwertigkeitsgefühl«). Zwar kann die Beziehung zu fürsorglichen und einfühlsamen Bindungspersonen diese Hilflosigkeit ausgleichen (»Kompensation«), dem Kind relativen Halt geben (»soziale Geltung«) und seinen Lernwillen unterstützen. Aber das Wechselspiel zwischen dem lernenden Kind und seiner spiegelnden sozialen Umgebung ist ein emotionales Kräftefeld, das für Irritationen höchst anfällig ist – und diese können sich mit der Zeit verfestigen.

Zunächst handelt es sich ja nur um tastende Versuche: Wie ein Kind Reize verarbeitet, Schwierigkeiten meistert, auf Unerwartetes reagiert, sich mit anderen vergleicht. Im Zusammenspiel mit den Reaktionen der Umwelt formen sich daraus aber allmählich Bewältigungsmuster; deren Gesamtheit (»Lebensstil«) bildet schließlich eine Art individuellen Masterplan jedes Kindes: Wie es auch künftig Abhängigkeiten und Unzulänglichkeiten zu überwinden gedenkt. In Adlers Diktion: »Der Charakter eines Menschen ist seine erworbene und private Logik, vom Minus zum Plus zu kommen.«

So ist auch »Dummheit lernbar«, wie der Schweizer Pädagoge *Jürg Jegge* einmal titelte. Auf seinem Lernweg kann einem Kind nämlich viel Entmutigendes begegnen. Etwa größere Geschwister, die immer schon alles besser können – ein Kind kann versuchen mitzuhalten, sie vielleicht gar zu überholen; es kann aber auch eine Kleinheitsattitüde entwickeln. Oder Eltern, die aus ihrem Perfektionsdrang nie zufrieden sind – ein Kind kann ständig darum kämpfen, die ersehnte Anerkennung endlich einmal zu erlangen; es kann aber auch innerlich Abschied davon nehmen, jemals ein sicherndes Geltungsempfinden zu erleben. Vielleicht hatte ein Kind auch früh mit einer längeren Krankheit zu tun – der Rückstand gegenüber Gleichaltrigen und die überbehütende Besorgnis der Mutter könnten es an eine Grundhaltung der Schwachheit gewöhnen.

Das gesamte familiäre Erziehungsklima kann einen Schleier der Mutlosigkeit über ein Kind und sein Bild von sich selbst und vom Leben legen. Während früher vor allem übergroße häusliche Strenge, also erzieherische Härte entmutigend wirkte, lauert heute allerorten die Verwöhnungsfalle (*Albert Wunsch*): Eltern, die ihrem (mitunter einzigen) Schatz möglichst angenehme Eindrücke vom Leben bieten und ihm Belastungen weitgehend ersparen möchten. Unnötige Entlastung aber hilft Kindern nicht, sondern schwächt sie – ja begünstigt tyrannische Neigungen. In der Schule haben solche Kinder stärker als andere mit Enttäuschungsgefühlen zu kämpfen – die Welt ist schließlich kein Schlaraffenland! Sie aber erwarten wie selbstverständlich, dass andere ihnen die Arbeit abnehmen – der Klassenkamerad soll sie morgens im Bus abschreiben lassen, der Lehrer darf doch nicht so schwere Klassenarbeiten stellen!

Der individualpsychologisch orientierte Lehrer sieht also Lernschwierigkeiten in einer Entwicklungsperspektive. Dummheit oder Faulheit sind für ihn weniger eine Frage des Willens oder der

Vererbung, sondern Folge eines in früher Kindheit erworbenen Lernstils. Der eine Schüler ist deshalb eher wissbegierig, weil er die Erfahrung machen konnte, dass Fragen und Forschen persönlichen Zugewinn bedeuten. Ein anderer hat deshalb so große Angst vor Fehlern, weil erlebte Blamagen für ihn schwerer gewogen haben als ein mögliches Dazulernen. Dieser Schüler hier kann kooperativ sein, weil er eben gelernt hat, in sozialen Beziehungen zur Geltung zu kommen; jener dort zeigt sich am liebsten streitsüchtig, weil er sich von eigener Überlegenheit oder Abwertung anderer am meisten verspricht; ein dritter fühlt sich am wohlsten als Einzelgänger – dann kann man ihm in die Karten gucken und seine Geltung schmälern. Je differenzierter man als Lehrer die Vielfalt der Lernstörungen deuten lernt – weniger als Hinweis auf fehlendes Bemühen oder mangelnde Begabung, sondern als Anzeichen für erworbene, quasi geronnene Mutlosigkeit –, umso handlungsfähiger wird man. Denn Verhaltensmuster sind prinzipiell beeinflussbar bzw. veränderbar – vor Genen oder dem gern beschworenen »inneren Schweinehund« hingegen müsste auch der engagierteste Lehrer die Waffen strecken. In diesem Lichte ist pädagogischer Optimismus nicht einfach eine schöne Hoffnung, sondern ein handfester Hebel für Veränderung.

Auch die so genannten Verhaltensauffälligkeiten gewinnen bei individualpsychologischer Betrachtung einen anderen Stellenwert. In ihnen manifestiert sich nämlich zumeist fehlgeleitetes Anerkennungsstreben. Wer stört, will eigentlich nur stärker dazu gehören. Viele Kinder erleben ja im Familienleben – zumal in seiner modern hektischen Variante – zu wenig ruhiges Zugehörigkeitsgefühl. Diesen Mangel können sie aber nicht artikulieren, sie können nur reagieren – und zwar mit Verunsicherung, quasi in innerer Panik (»Wenn nicht so, dann eben anders!«): Sie versuchen, die Abläufe der Erwachsenen zu stören, um wenigstens negative Aufmerksamkeit zu erregen; sie kämpfen mit ihnen um Einfluss; oder sie versuchen sich an ihnen für Enttäuschungen zu rächen. Verfestigt sich solch' irritiertes Geltungsstreben, so wird das natürlich auch in der Schule sichtbar. Diese Schüler ringen dann ständig mit dem Lehrer um die Herrschaft im Klassenzimmer, oder sie tun sich schwer, Erklärungen anzunehmen und konzentriert zu arbeiten, oder sie plagen erfolgreichere Schüler.

Hat ein Lehrer die untergründige Dynamik solcher Störungen aber erkannt, vermag er sie leichter zu unterlaufen – und gewinnt dadurch wieder die Führung. Er kann etwa die auf Umwegen erstrebte Anerkennung einfach direkt spüren lassen – indem er sich bereits »vorbeugend« interessiert zuwendet oder positiven Beiträgen an anderer Stelle explizite Aufmerksamkeit schenkt. Oder er macht eine humorvolle Bemerkung, die eine drohende Zuspitzung in gemeinsames, nicht beschämendes Lachen wendet. Oder er übergeht eine Konfrontation galant, mit der (keinesfalls drohenden) Einladung, doch in der Pause mal darüber unter vier Augen zu reden. Und manchmal muss man auch irgendeine Plagerei ganz beiläufig entwerten – so, dass gleichzeitig spürbar wird, dass man dem Störer weitaus Sinnvolleres zutraut.

Ermutigung ist ein entscheidender Schlüssel für schulische Entwicklung – und damit auch das A und O des zufriedenen wie erfolgreichen Lehrers. Ermutigung ist das Gegenteil des Kritisierens wie des Verwöhnens – und weitaus vielfältiger als die so wichtige, bereits erwähnte Fehlerfreundlichkeit (vgl. Kapitel 2). Ermutigung umfasst alles, was die Angst junger Menschen vor einem Misserfolg oder vor Neuem dämpft oder zerstreut, ohne ihnen die Sache aus der Hand zu nehmen: einen weiterführenden Hinweis geben, vorübergehend auf einfachere Aufgaben zurückgehen, an frühere Erfolge erinnern, Gelegenheit zur Mithilfe anbieten. Ermutigung bedeutet deshalb ungleich mehr, als wir gemeinhin mit dem Begriff Lob verbinden. Lob honoriert ja nur den Erfolg, hilft also nicht auf dem Weg dorthin – und ist zudem Ausdruck eines personalen Gefälles, einer nicht gleichwertigen Beziehung. Ermutigung ist aber auch weitaus differenzierter als ein pauschales »Du kannst das schon«: manchmal nur schon eine kleine Kontaktaufnahme; oder das Zutrauen, dass ein Vorhaben gelingen kann; auch die Rückmeldung, dass jemand auf dem richtigen Weg ist; die Anerkennung, dass er sich ehrlich bemüht hat; die Fürsorge, dass alle sozial eingebunden sind; natürlich die Wertschätzung für eine gute Leistung; schließlich die Herausforderung zu Neuem oder Besserem. Selbstverständlich widerspricht es dem Grundgedanken der Ermutigung nicht, Unzulänglichkeiten zu thematisieren – es könnte geradezu kränkend wirken, wenn der Lehrer Fehler übergeht, der Schüler könnte dies als Nicht-Zutrauen werten,»ich bin anscheinend zu schwach, mich muss man schonen«. Insgesamt ist es wie mit dem Coach beim Sportwettkampf: Er darf nicht erst hinter der Ziellinie aktiv werden, und dann auch nur bei Erfolg – er ist vielmehr während des gesamten Trainings gefragt. Er muss die Bewegung genau verfolgen, muss gelegentlich anspornen, muss die ganze Zeit achtsam, aufmerksam, präsent sein. Auch außerhalb des Pädagogischen ist diese Problematik keineswegs unbekannt – *Friedrich Nietzsche* etwa formulierte:»Ich hoffte auf Widerhall, und ich hörte nur Lob.«

Äußerst hilfreich für die Praxis der Ermutigung ist Adlers Entdeckung, dass das Selbst- und Weltbild des Kind in spezifischer Weise von seiner Stellung innerhalb der Geschwisterreihe geprägt wird. Viele älteste Kinder fürchten insgeheim, sie könnten die Position des Schonbesserkönnens verlieren, könnten von Mitschülern – wie einst von der jüngeren Schwester – überholt werden. In mittleren Geschwistern lauert oft die Sorge, man könne sie in der Klassengemeinschaft übersehen – zuhause galt ja alle Aufmerksamkeit dem Erstgeborenen und dem Nesthäkchen. Und Einzelkinder tragen vielfach vor allem einen Kindheitseindruck in sich: dass alle anderen – nämlich die Eltern – alles immer schon besser konnten als sie. Je besser der Lehrer diese »Geschwisterbrillen« seiner Schüler kennt, umso leichter wird seine Ermutigung die richtige Tonlage treffen.

Grundsätzliches Ermutigungspotenzial liegt auch darin, wenn ein Lehrer seine Klasse bewusst als positive soziale Gemeinschaft führt: Wenn er etwa darauf achtet, dass die Kinder sich gegenseitig helfen, dass sie sich miteinander über Konflikte und Schwierigkeiten aussprechen, dass sie Gelegenheit zu eigenverantwortlichen Arbeitsgemeinschaften erhalten, dass sie Formen der Mitverantwortung erproben – kurzum: dass sie möglichst oft das Erlebnis wechselseitigen Verbundenseins machen. So trägt er den gegenseitigen Anerkennungsbedürfnissen der Schüler Rechnung und erleichtert ihre Konzentration auf das Lerngeschehen selbst.

Ermutigend wirken zu können, dazu braucht der Lehrer also Beziehungsfreude ebenso wie Feinfühligkeit. Und noch etwas zählt: Kinder und Jugendliche werden nämlich »weich wie Butter«, wenn man die Beziehung zu ihnen in Gleichwertigkeit führt – was keineswegs heißt, das Generationsgefälle zu leugnen, sich also anzubiedern. Das ist besonders bedeutsam in der Pubertät. Adler sah die »schwierigen Jahre« weder als gefährliche Krise noch als eine Zeit, in der sich der Charakter eines Menschen grundlegend ändere. Der Heranwachsende wittere lediglich, dass er sich der Front des Lebens nähere; nun wolle er einerseits beweisen, dass er kein Kind mehr sei, andererseits zeige sich jetzt, ob er gelernt habe, mit Belastungen sinnvoll umzugehen. Deshalb gäben sich Jugendliche im einen Moment derart auftrumpfend, im nächsten aber schon wieder ganz schwach. Dem Lehrer stellt sich in dieser Zeit immer die doppelte Frage: Wo könnte ich ermutigend ansetzen? Und: Wie vermeide ich Machtkämpfe, wie kann ich den Kontakt zu Schülern so gestalten, dass sie sich von mir als Mensch geschätzt fühlen? Adler riet immer dazu, Heranwachsenden mit großem Respekt zu begegnen, ihnen aber auch frühzeitig genügend Verantwortlichkeit zuzumuten. In der kürzlich erneut aufgeflammten Disziplindebatte hätte er sich vermutlich mäßigend geäußert: Klare Regeln sind wichtig, aber entscheidend sind die Beziehungen! Mit anderen Worten: Es geht um Freundlichkeit *und* Bestimmtheit.

Nur schon der Umstand, dass Lehrer Personen sind – und keine Arbeitsblätter oder Computerprogramme –, hat etwas prinzipiell Ermutigendes. Der Lehrer, der gespannt ist, ob seine Planung funktioniert, ob seine Erklärungen verstanden werden, signalisiert dem Schüler ja auch: Ich bin an dir interessiert. Dagegen mutet ein Gutteil der verbreiteten Selbstständigkeitseuphorie (»Freie Arbeit«, »Eigenverantwortliches Lernen«) geradezu als Kunstfehler an. Verweist nicht ein Großteil kindlicher Verhaltensstörungen und jugendlicher Devianzphänomene gerade darauf, dass Heranwachsende heute vielfach unter unsicheren Beziehungen und unklarer Orientierung leiden? Das gut gemeinte Erziehungsideal der Selbstentfaltung wirkt allzu schnell wie eine Pädagogik der Gleichgültigkeit. Junge Menschen wollen eben mehr als Papierstapel abarbeiten oder Klickfolgen absolvieren. Deshalb ist es geradezu fatal, wenn Medienindustrie und Kultusbürokratie dem Lehrer einreden, er solle sich mit einer Rolle als Moderator bescheiden. Lehrer dürfen, ja müssen auch Beziehungsgegenüber, Erklärer und Erzieher sein. Der Lehrer als Person ist ein Bildungsagens, das bedeutsamer ist als jede Modifikation der Schulstrukturen und jede Optimierung von Arbeitsmaterialien. Ein Mensch, der fachliches Interesse ausstrahlt bzw. Begeisterung anregt, der bislang Unverstandenes erklären kann, der gerne mit jungen Menschen zu tun hat, der ihnen in zunehmend anonymer, unsicherer Welt mit Aufmerksamkeit, Sympathie, vielleicht gar mit Verständnis begegnet, der ihr Selbstwertgefühl durch Zutrauen, Herausforderung, Anerkennung stärkt, womöglich gar eine Lernbarriere auflöst – all' diese menschlich-personalen Komponenten unterstützen jugendliche Lernmotivation vor allem anderen! Lehrer sind genau die Überwindungs- und Entwicklungshelfer, die Heranwachsende unbewusst suchen. Wie schon einmal gesagt: Die alte Weisheit des *Erasmus von Rotterdam* – »Der erste Schritt zum Lernen ist die Liebe zum Lehrer« ist keineswegs überholt. Sie auszublenden, hieße nicht nur, wichtige Steuerungschancen zu verspielen, sondern sich auch um eigene berufliche Befriedigung zu bringen.

Mit welcher Brille sehen die Schüler sich und ihre Fähigkeiten? In welcher Gangart sind sie gewohnt, Schwierigkeiten zu bewältigen? Welches Ziel streben sie innerlich an? Erst solche Fragen ermöglichen nachhaltige individuelle Förderung – nur wer die inneren Barrieren versteht, kann bei deren Überwindung helfen. Individualpsychologischer Einblick in Kinderseelen ist natürlich eine Frage des Trainings – und des Wissens: Wer seine Schüler wach beobachtet, wer ihre Geschwisterkonstellation, die Arbeitswelt ihrer Eltern, ihre Berufswünsche erkundet, in Pausengesprächen oder mit kleinen Umfragen, dem eröffnen sich eher gute Ansatzpunkte für ermutigende Impulse.

Kinder sind eben weder einfach Gefangene ihres Milieus, noch pure Handlanger ihrer Gene. Adler hat deshalb viel Zeit darauf verwandt, Lehrer in Sachen Ermutigung zu schulen. Sein grundsätzliches Credo für die Schule mag ein wenig altertümlich klingen, sie fordert einen aber täglich auf 's Neue heraus. In seinem Buch »Kindererziehung« heißt es:

»Die wichtigste Aufgabe eines Erziehers – man kann fast sagen, seine heiligste Pflicht – besteht darin, Sorge zu tragen, dass kein Kind in der Schule entmutigt wird, und dass ein Kind, das bereits entmutigt in die Schule eintritt, durch seine Schule und durch seinen Lehrer Vertrauen in sich selbst gewinnt. (...) Die Schule hat die Möglichkeit, die fehlerhaften Lebensstile, die durch die Erziehung in der Familie geformt wurden, zu korrigieren, und die Verantwortung, die Anpassung des Kindes an das soziale Leben so vorzubereiten, dass es seine individuelle Rolle im Orchester der Gesellschaft harmonisch spielen wird.«

Gleichwohl bleibt Ermutigungsarbeit ein ständiges Schwimmen gegen den Strom. Wie wenig sich Andrea doch zutraut! Wie schwer

Paul jede nur mittelgroße Anstrengung fällt! Welche Zumutung es für Han bedeutet, auf andere Rücksicht zu nehmen! Beneidenswert, wer dann nachmittags auf der Terrasse (Klar, dass die Nachbarn das missverstehen!) ein wenig in den Falldarstellungen von Adler oder Dreikurs stöbern kann. Beinahe automatisch verfällt man dabei in eine ermutigende Grundstimmung. Die eigenen Schüler vom Vormittag nehmen allmählich vor dem inneren Auge wieder Gestalt an – aber in einem freundlicheren, hoffnungsvolleren Licht. Man beginnt zu erahnen, was sie so abweisend, so störend, so mutlos sein ließ: ein älteres Geschwister, das mit seinem Können prahlt; ein jähzorniger Vater, bei dem man sich besser keine Fehler leistete; vielleicht auch noch brüchige Familienbande, die einen immer wieder abschweifen lassen. Und plötzlich kommt auch einer resignierten Lehrkraft eine Idee, wie sie einen bislang bockigen Jugendlichen zu neuem Anlauf gewinnen könnte. In manchem »Störer« steckt nämlich bei genauerem Hinsehen – sprich: tieferer Analyse – ein Mensch mit guten Führungsqualitäten, nur setzte er sie bisher in ungünstiger Richtung ein. Wenn es gelingt, zu einem solchen Rabauken einen guten Draht aufzubauen und ihm diese Qualitäten zu attestieren, kann man ihn womöglich dafür gewinnen, dass er sich fortan nützlicher einbringt, als Diskussionsleiter, als Helfer beim Erklären, als Organisator von Klassenangelegenheiten.

Auch nach zwanzig Jahren erinnere ich mich immer noch lebhaft an Senep, ein großes, äußerst vitales, im Unterricht kaum zu bändigendes Mädchen. Immer unterbrach sie andere Dialoge mit eigenen Beiträgen, 'mal zur Sache, 'mal zu etwas anderem, ständig gickelte sie mit ihrer Nachbarin herum, oder brauste unversehens auf, war dann wieder wegen irgendetwas beleidigt. Natürlich fühlte ich mich gestört, mahnte sie 'mal freundlich, 'mal ärgerlich – keine Wirkung. Irgendwann dämmerte mir, dass es Senep bei all' dem Treiben um mich ging, dass ihr meine Beachtung fehlte. Ich beschloss, vor Beginn jeder Stunde einen Kurzkontakt mit ihr herzustellen, eine beiläufige Frage aufzuwerfen, eine Bemerkung zu machen, manchmal

Der Psychologe als Schulversager

Alfred Adler, der Begründer der Individualpsychologie, hat die Problematik des Schulversagens zeitweise am eigenen Leibe erfahren. In der Grundschule war der kleine Alfred eher mittelmäßig, und nach dem Wechsel zum Gymnasium bekam er dort größere Schwierigkeiten. In Mathematik beklagte sich der Lehrer, noch nie so einen unbegabten Schüler gehabt zu haben, der Junge musste das Schuljahr wiederholen. Aber auch der nächste Lehrer behauptete, so viel Dummheit habe er noch nie erlebt. Und sein Nachfolger riet dem Knaben gar, ganz aufs Lernen zu verzichten, das würde auch nichts verschlechtern. Adler meinte später, er wäre – hätten die Eltern ihn damals von der Schule genommen – zwar wohl ein ganz brauchbarer Handwerker geworden, würde aber auch lebenslang geglaubt haben, mathematisch unbegabt zu sein.

Der frustrierte Rat des Lehrers weckte indes den Widerstand des Jungen, er begann aufzupassen und insgeheim mitzuarbeiten. Eines Tages nun stand ein Mitschüler an der Tafel und kam bei einer Aufgabe nicht weiter. Auch der Lehrer verlor für einen Moment den Überblick, und den übrigen Schülern fiel ebenfalls nichts Weiterführendes ein. Allein die bisherige Matheniete dachte »Das ist doch nicht so schwierig, das kann ja selbst ich!« und meldete sich. Die Mitschüler lachten, der Lehrer unkte »Klar, keiner weiß es, außer dem Adler!« Der kleine Alfred indes war bereit, alles zu wagen – und konnte das Problem tatsächlich lösen. Der Lehrer war stumm vor Staunen, die anderen Jungen schwiegen verblüfft. Am meisten überrascht aber war der junge Adler selbst – denn fortan gehörte er in Mathematik zu den Besten der Klasse, nicht sonderlich fleißig, aber sehr interessiert – und das anhaltend.

Was wie das Wunder von Wien anmutet, ist eigentlich ein Plädoyer für pädagogischen Optimismus: Kinder können sich unbegrenzt entwickeln, wenn niemand ihnen eine Grenze setzt – weder andere noch sie selbst.

Das Lernen des kleinen Alfred war so lange blockiert gewesen, wie er selbst sich für unbegabt hielt. In dem Moment, als der Junge diese Grenze nicht mehr akzeptierte, verschwand die mathematische Lähmung.

nur sie schmunzelnd anzusehen. Und sie im Unterricht ab und zu zu bitten, etwas zu erklären. Es war wirklich unglaublich: Ihre Unruhe während der Stunden sank um gefühlte 90 %. Ermutigung, das ist tatsächlich weniger eine formale Methodik des Lehrers als vielmehr seine dichte und optimistische personale Präsenz.

Das Geheimnis der Resonanz

Unterricht ist also ein Beziehungsgeschehen, Menschen reden miteinander, sie erleben einander, sie wollen etwas voneinander. Der Lehrer möchte, dass die Schüler gute Lernfortschritte machen, dass sie etwas Interessantes erfahren, dass sie sich bei ihm wohlfühlen. Also gestaltet er seinen Umgang freundlich und interessiert, seine Planung sorgfältig und seine Tests angemessen. Dennoch entgleisen die Dinge des öfteren, bisweilen schon in den harmlosesten Situationen.

Bei der Rückgabe der Klassenarbeit etwa: Bewusst teilt der Mathelehrer die Hefte mit den mangelhaften Leistungen betont rücksichtsvoll aus; er schmeißt sie den Schülern nicht an den Kopf, er wirft ihnen auch keine abschätzigen Blicke zu; angesichts der anstehenden Enttäuschung will er sie nicht zusätzlich entmutigen. Aber Vernunft ist nicht alles, der Lehrer hat auch Gefühle, das heißt, eine emotionale Bewertung des Geschehens, und auch diese »kommen 'rüber« – und werden gerne missverstanden. Der Lehrer hat vielleicht mit Ali unbewusst Mitleid – aus kleinsten mimischen Regungen könnte dieser den Schluss ziehen: »Du hältst mich für den Blödesten, ich werde es wohl nie schaffen.« Oder er fürchtet insgeheim, Petra werde ob der neuerlichen Fünf ausrasten, und will sie durch seine Behutsamkeit besänftigen – diese aber nimmt an, ihr Versagen interessiere den Lehrer gar nicht, sie sei für ihn bedeutungslos. Selbst wenn er Charlotte ein tröstendes Lächeln schenkt, kann diese das als Schadenfreude interpretieren.

Erst recht wirkt auch seine stille Genugtuung darüber, dass der ständig störende Frederik endlich einmal seine Quittung bekommen hat – dieser kann sich nun zurechtlegen, der Lehrer habe ihm zu Unrecht einige Punkte entzogen, tatsächlich sei er gar nicht so schlecht. Gleiches Lehrerhandeln kann also von ganz verschiedenen unterschwelligen Gefühlen begleitet sein, diese wiederum können eine breite Palette von Interpretationen auf Seiten der Schüler hervorrufen.

Umgekehrt können auch Schüleräußerungen ganz unterschiedliche Reaktionen auf Lehrerseite auslösen. Sabine hat das soeben ausgeteilte Trainingsblatt zum Thema Funktionen überflogen – schon wirft sie sich laut fluchend gegen ihre Stuhllehne: »Das versteht ja wieder 'mal kein Mensch!« Nun hatte sich der Lehrer viel Mühe mit den Erklärungen und der Aufgabenauswahl gegeben – verständlich, wenn er im ersten Moment eine gewisse Kränkung empfände. Die Frage ist allerdings: Wie geht er mit solchen Gefühlen um? Schlägt er enttäuscht zurück – »Kein Wunder bei dir!« – oder gibt er der Mutlosigkeit des Schülers nach – »Mach' du in Zukunft nur die einfachen Aufgaben, das reicht!« – oder beschließt er, dieses Arbeitsblatt am Nachmittag noch einmal zu optimieren?

Die Gefühle des Lehrers bei seiner Arbeit stellen einen wenig beachteten Aspekt des Schulischen dar – eine »Grauzone des Lehrerberufes«, die *Matthias Schmitz*, ein psychoanalytisch orientierter Lehrer, in einigen lesenswerten Aufsätzen beschrieben hat.

> *»Was genau lässt sein Herz schneller schlagen, lässt ihn schwitzen, erröten und Angst oder Wut spüren? Es sind natürlich die Begegnungen mit den Menschen seines Berufsfeldes. Wenn er auf dieser Bühne Kränkung, Verunsicherung oder Beschämung erlebt, fühlt er sich beeinträchtigt. (…) Aber die inneren Bilder bestimmter, bereits erlebter oder auch nur befürchteter persönlicher Verwicklungen bedrängen ihn viel unmittelbarer. Es geht um seine Zwei-*

fel, die anstehenden tagtäglichen Interaktionen befriedigend regulieren zu können.«

Es liegt natürlich auf der Hand: Auch der Lehrer ist im Klassenraum, in seiner Rolle zunächst einmal Mensch, möchte in seiner Aufgabe zu sozialer Geltung kommen. Nun bedeutet Unterricht aber immer eine gewisse Portion Ungewissheit. Denn bei der quirligen Ansammlung von 30 lebhaften, durch eine Lernaufgabe geforderten Individuen ist keineswegs klar, ob die Planung des Lehrers klappt oder kippt. Diese zunächst harmlose, weil in der Natur der Sache liegende Unsicherheit verarbeitet jeder Lehrer vor dem Hintergrund seines eigenen, lebensgeschichtlich geprägten Charakters. Er nimmt das Verhalten der Schüler durch seine höchstpersönlich gefärbte Brille wahr und reagiert auf sie im Sinne der eigenen Zielsetzungen (»private Logik«). Der eine neigt dazu, Konflikte harmonisierend zu entschärfen, sich Schülern unterzuordnen, der andere strebt danach, Machtfragen kulminieren zu lassen, Kämpfe gewinnen zu können. Hier reagiert einer ständig überempfindlich, da fühlt sich eine permanent als Opfer, dort hat ein dritter »Null Verständnis« für Verständnisprobleme auf Schülerseite. In solchen – in der Regel unbewussten – Reaktionsmustern artikulieren sich die psychischen Empfindlichkeiten des einzelnen Lehrers, seine jeweiligen blinden Flecke. Letztlich sind sie seine eigene Art, potenzieller Verunsicherung entgegenzuwirken und die Furcht vor Beschämung oder Kränkung in den Griff zu bekommen.

Diese Lage wird nun dadurch verschärft, dass nicht nur der Lehrer Gefühle hat. Es gibt ja auch noch eine andere Seite, der es um Macht oder Unterordnung, Triumph oder Peinlichkeit, Angst oder Anziehung geht – die Schüler. Auch sie wollen gelten, auch sie fürchten Entwertung – und das in je individueller Art und Weise.

»Zwei subjektive Welten treffen aufeinander. Das, was gesagt, getan, was mimisch und gestisch gezeigt wird, belegt jeder der Be-

teiligten unwillkürlich mit Bedeutung. (...) aber nicht unvoreingenommen, sondern vor dem Hintergrund der eigenen Lebensgeschichte (...) Ein und dasselbe Lehrerlächeln kann als freundliche Ermunterung, aber auch als Andeutung einer ironisierenden Herabwürdigung verstanden werden. Weicht ein Schüler dem Blick des Lehrers aus, mag diesem das als Provokation, vielleicht aber auch als Demutsgeste erscheinen.«

Diese brisante emotionale Gemengelage jeder Klasse wird in der Regel wenig beachtet – und führt gerade deshalb so schnell zu scheinbar unerklärlichen Störungen und Blockaden. Sie immer wieder neu zu durchleuchten, um sie zu durchschauen – das wäre eigentlich ein reizvolles Betätigungsfeld für jeden Lehrer, wenn eine gewisse Unterrichtsroutine erreicht ist. Man wird das Beziehungsgeschehen im Klassenraum zwar nie lückenlos verstehen. Alleine die Einnahme einer forschenden Haltung wirkt oft schon heilsam, man reagiert nicht mehr blind. *Schmidt* schlägt etwa vor, Konfliktsituationen im Nachhinein mit dem »Vier-Augen-Gedankenexperiment« ein Stück weit aufschlüsseln: sich zunächst das Gesicht des Schülers vorstellen und sich fragen, welche akuten Intentionen wohl aus seinem rechten Auge sprechen (»Ich lass' mich nicht kleinkriegen!«) und welche tieferliegenden Bedürfnisse aus seinem linken (»Ich möchte, dass du mich groß findest!«); sodann diese Erwägung aus der Perspektive des Schülers in Bezug auf die Augen des Lehrers wiederholen (»Ich muss mich unbedingt durchsetzen!« bzw. »Hoffentlich hat dein Lernen Erfolg.«). Wer bei solchen Erkundungen wagt, seine eigenen Gefühle nicht zu überspielen, sondern zuzulassen und zu überdenken – womöglich in einer fachkundig geleiteten Lehrer-Balint-Gruppe (kollegiale Fallberatung) –, ist auf dem besten Weg, sich gegen pädagogische Beziehungsverfehlungen und -verstrickungen zu immunisieren.

Der ob seines Arbeitsblattes unerwartet attackierte Lehrer könnte sich beispielsweise erlauben, authentisch zu reagieren: »Ja?

Und dabei habe ich mir solche Mühe gegeben!« Das wäre dann weder Rache noch Kleinmut, sondern eine ehrliche menschliche Reaktion auf Augenhöhe. Gleichzeitig würde dieser Lehrer die pädagogische Führung der Situation aber nicht aus der Hand geben: »Vielleicht beginnst du mit Aufgabe drei, die hast du gestern nämlich gekonnt!« (falls Sabine sich fachlich wenig zutraut) oder »Du kannst ja auch erst anderen helfen und deine Aufgaben dann später erledigen.« (falls es Sabine um einen Machtkampf geht). Oder sein Kollege, der beim Austeilen der Mathearbeit so vielfältig missverstanden wurde: Er weiß, dass er solch' gegenseitiges Verfehlen niemals ganz verhindern kann, aber er kennt seine Schüler so gut, dass er ihre Irrtümer erahnen und diesen mal hier, mal da entgegenwirken kann. Solche Beziehungsarbeit ist anspruchsvoll, aber auch erfüllend, im Gegensatz zum Stoff, den man doch nach einigen Jahren zur Genüge kennt. In einer guten, das heißt für alle Beteiligten befriedigenden Schule, geht es eben um weit mehr als nur um Wissen. Es geht darum, entwicklungsförderliche Beziehungen zu gestalten, eine produktive »Resonanz zwischen Schüler, Lehrer und Sache« (*Schmidt*) zu ermöglichen.

Die analytische Betrachtung der Beziehungsdynamik im Klassenzimmer hat etwas ungemein Entlastendes. Wenn Schüler nichts verstehen oder gar nicht erst aufpassen oder den Unterricht stören oder den Lehrer anmotzen, dann ist das meist weder plumpe Sabotage noch definitive Unfähigkeit, sondern ein früh gelerntes Muster, Anerkennung zu finden bzw. Missachtung zu entgehen. Kinder sind wie Wasser: Sehen sie keinen direkten positiven Weg, sich zugehörig zu fühlen, dann nehmen sie eben einen anderen. Wenn der Lehrer das durchschaut, ist er erleichtert, weil nicht mehr persönlich verstrickt: »Die Störungen haben ja gar nicht direkt mit mir zu tun, ich bin ja nur Projektionsfläche«. Er muss also weder dagegen ankämpfen noch seinen Unterricht unnötig in Frage stellen, kann aber umso leichter hier und da einen Entwicklungsimpuls geben, eine individuelle Bildungswende anstoßen.

Die Schulschwänzerin

Bald nach dem Wechsel zur High School hatte Rachel darüber geklagt, die Arbeit dort sei ihr zu schwer. Ihren Wunsch nach Rückkehr in die Grundschule schlug man ihr ab, auch die Rückstufung in eine niedrigere Klasse brachte keine Besserung der Lage, ebenso wenig Prügel durch den Vater oder eine zeitweilige Beurlaubung. Nach einiger Zeit streikte das Mädchen vollständig und weigerte sich gar, das elterliche Haus zum Spielen zu verlassen.

Ein klarer Fall von erzieherischer Hilflosigkeit, man probiert »alles Mögliche«: mildernde Umstände anbieten, sinnlose Wünsche des Kindes übergehen, die elterlichen Ziele mit Strenge durchsetzen. Ähnliche Kalt-Warm-Duschen beobachtet man ja auch in unserem heutigen Umgang mit Schulschwänzern: Langezeit wurde ihnen zu wenig Beachtung geschenkt, nun sollen Bußgeldbescheid und Polizeivorführung Ordnung schaffen. Das Problem wird so aber höchstens äußerlich angegangen – was gewiss besser ist, als nichts zu tun –, ein innerer Wandel bleibt indes vielfach aus.

Alfred Adler, dem dieser Fall vorgestellt wurde, vermutete, dass es der Schulwechsel war, der in Rachel die Befürchtung aufkommen ließ, sie könne ihre bisherige Sicherheit – in diesem Fall gute Schulleistungen – nicht aufrechterhalten. Ihr Weinen und ihre Weigerung wären demnach nur der Versuch, einer scheinbar bedrohlichen neuen Anforderung auf kämpferische Weise aus dem Weg zu gehen. Aber wie lässt sich ein solches Mädchen auf eine andere Bahn bringen? Hier die entscheidende Phase des Beratungsgesprächs:

A: Komm her und setz dich. Wie geht es dir? Gefällt es dir hier?

R: Ja.

A: Jedermann hier mag dich und alle schauen sie dich an. Freut dich das?

R: Ja.

A: Ich glaube, du hast es ein bisschen gar zu gern, wenn alles nach deinem Kopf geht, wo du auch bist. Wenn du irgendwo nicht sicher sein kannst, dass alle dich beachten, suchst du nach Entschuldigungen und gehst nicht hin. Sei nur freundlich und hilfsbereit, dann wird jeder dich gern haben. (*Pause*) Du bist ein sehr intelligentes Mädchen; deine Lehrerin sagte zwar, du seiest ein dummes Ding, aber das stimmt nicht. Mir sagten sie das früher auch immer, aber ich lachte darüber. Jeder kann Schularbeiten machen. (*Pause*) Wenn ich du wäre, würde ich mich enger an den Vater anschließen, ich bin sicher, dass er dich sehr liebt. Wenn deine Eltern sehen, dass du dich auch für sie interessierst, werden sie dich viel lieber haben, als wenn du alle Tricks anwendest, um die Wichtigste zu sein. (*Pause*) Möchtest du eine gute Schülerin sein?

R: Ja.

A: Ich denke, das könntest du in einer Woche schaffen, wenn du dich anstrengst. Willst du mir einen Brief schreiben und mich wissen lassen, wie es vorangeht?

Adler war überzeugt davon, dass ein Mensch nur so lange an seinem Fehlverhalten festhalte, wie er dessen Sinn noch nicht verstehe – und so lange ihm der Mut zu Alternativen fehle. Deshalb deckt er Rachel die innere Logik ihres Verhaltens auf, mit einfachen Worten, nicht einmal besonders vorsichtig, aber auf eine sehr wohlwollende Weise – man könnte von freundlichem Durchschauen sprechen. Gleichzeitig ermutigt er sie dort, wo sie sich am unsichersten fühlt, beim schulischen Erfolg wie auch im Hinblick auf die väterliche Zuneigung. Zudem eröffnet er ihr eine Handlungsmöglichkeit, die zwar Anforderung beeinhaltet, aber mehr Befriedigung verspricht als die bisherige Verweigerung. Er setzt ihr ein überschaubares Ziel und signalisiert zudem ein persönliches Interesse an ihrem Fortkommen. Das Ganze in einer Atmosphäre von viel Zeit und starker authentischer Zugewandtheit.

Eine Woche nach der Beratung erhielt Adler Antwort von Rachel: »Mein lieber Dr. Adler, diese Woche war völlig anders. Ich war die ganze Zeit draußen. Ich denke, dass mein Besuch bei Ihnen mir guttat. Meine Lehrerin meinte, ich könnte vielleicht kleinere Schüler unterrichten. Wie denken Sie darüber? Dies ist der erste Brief, den ich jemals mit einer Schreibmaschine schrieb. Herzlich, Ihre Rachel« Die Begegnung mit dem Psychologen hatte offenbar eine Wandlung angeregt, das Mädchen fühlte sich jetzt mutiger und dachte darüber nach, wie es sich nützlich machen könne.

Von Fall zu Fall: Störungen mit Gewinn überwinden

Eine Grundstimmung der Ermutigung, ein Klima gelingender Resonanz – auf diesem psychologischen Fundament wird Unterrichten wesentlich leichter und erfolgreicher. Aber es gibt auch Probleme, die tiefer sitzen und hartnäckiger sind – und zwar auf beiden Seiten: Schüler, die in ihrer Lernentwicklung vollkommen stagnieren, die sich anhaltend querstellen, die hartnäckig rebellieren. Und Lehrer, die es nicht lassen können, aus der Haut zu fahren, oder still zu leiden – oder zynisch zu tyrannisieren. Aus mancher dieser Sackgassen kommt man ohne externe Fachleute nicht mehr heraus. Oft aber wäre gerade der Lehrer selbst der beste Nothelfer – wenn er entsprechend qualifiziert wäre, wenn er schwierige Schüler nicht lästig fände, sondern interessant.

Problemschüler oder: der schwierige Andere

Schwierige Schüler und konflikthafte Unterrichtsszenen sind für den Lehrer zunächst einmal eine Störung – seiner Stundenplanung, des Klassenklimas, des Lehrplans. Und seine Hausapotheke ist zumeist recht überschaubar ausgestattet:

- freundliche Eindringlichkeit (Stufe 1): Wer den Lernstoff nicht versteht, bekommt ihn nochmals oder anders erklärt; wer seine Aufgaben häufiger nicht erledigt, wird zur Nacharbeit eingeladen oder mit Zusatzaufgaben bedacht; wer den Unterricht stört, wird ermahnt. Einfache Probleme lassen sich so durchaus auflösen, vorübergehende Verstimmungen, kürzere kritische Phasen.
- einschüchternde Grenzsetzung (Stufe 2): Halten die Störungen an, beginnen viele Lehrer sich zu ärgern (»der regt mich auf«), sie greifen zu verbaler Beschämung oder Drohungen, mit No-

ten, mit den Eltern, mit dem Schulleiter. Vielleicht beschließt eine Klassenkonferenz disziplinarische Maßnahmen – auch das bewirkt bisweilen eine Eindämmung des Problems, etwa dann, wenn ein Schüler der Schule seine Bedingungen diktieren wollte.

▶ entschiedene Abschiebung (Stufe 3): Versagen auch diese Interventionen, dann trennt man sich – der Schüler wird nicht versetzt, oder er muss die Schule wechseln. Falls man auf dieser Eskalationsstufe überhaupt noch über die Ursachen des Problems nachdenkt, bleibt es vielfach bei oberflächlichen Schuldzuweisungen an den Schüler (»dumm«, »faul«, »renitent«) oder an diffuse gesellschaftliche Umstände (»Erziehungsunsicherheit« oder »Arbeitslosigkeit« bei den Eltern, »Bildungsmisere« oder »Schulsystem« auf staatlicher Seite). Mit solchen Urteilen unterschätzt man aber intrapsychische Komplexität gewaltig – oder man übertreibt die Bedeutung exogener Faktoren für individuelle Lernbiografien.

Dieser disziplinierende Dreischritt folgt einer recht statischen und eindimensionalen Sicht vom Lernen. Wenn ein Schüler nicht will oder kann, werde ich ihn nochmals verlocken (Motivation) – ihm dann aber auch »Beine machen« (Sanktion) oder ihn eben anders sortieren (Klassifikation). In den letzten Jahren hat sich übrigens eine neue, stille Variante des Abschiebens von Problemschülern breitgemacht – die pharmakologische. Kinder sind schulisch überfordert oder durch familiäre Umstände belastet – flugs ist die letztlich nichtssagende Diagnose AD(H)S zur Hand – schwupp, liegt die Ritalinkapsel auf dem Frühstücksteller. Vor solch' oberflächlicher – und nicht nebenwirkungsfreier – Scheinoptimierung schwieriger Kinder warnt denn auch eine breite Phalanx renommierter klinischer wie forschender Experten (*Bauer, Bergmann, Hüther*).

Wenn aber Lehrer selbstkritisch sind, geben sie sich meist mit dem Aspekt zufrieden, dessen die Fachzeitschriften voll sind, dem Zweifel am eigenen Unterrichtsverfahren: Inwieweit es die Fahrigkeit und Schnelllebigkeit der »neuen Kinder« hinreichend berücksichtige, ob es nicht lernpsychologisch überholt sei, dass es zumindest aktuellerer oder interessanterer Beispiele bedürfe. Solche methodischen Erwägungen sind keineswegs grundsätzlich abwegig, ja manches Mal durchaus angebracht. Wo Unterricht in Routine erstarrt ist, wo er zu wenig Abwechslung bietet, wo der Lehrermonolog im Vordergrund steht, da muss über sinnvolle Ergänzungen, bisweilen auch über Neustrukturierungen nachgedacht werden – sie sollten allerdings lernpsychologisch fundiert sein (vgl. Kapitel 2).

In den meisten Fällen aber haben größere Lernschwierigkeiten und massive Unterrichtsstörungen tiefere, eben individualpsychologische Ursachen. Und Alfred Adlers pädagogisch orientierte Tiefenpsychologie liefert für solche Schulstörungen nützliche beraterische – nicht: therapeutische – Instrumente.

Rufen wir uns noch einmal das individualpsychologische Entwicklungsmodell vor Augen: Ein Kind ist stets bestrebt, seine anfängliche Abhängigkeit und Unzulänglichkeit zu überwinden, sein »Minderwertigkeitsgefühl« zu »kompensieren«. Dabei bildet es mit der Zeit ein Verhaltensmuster, seinen »Lebensstil« aus. Dieser »Charakter« zeigt, wie das Kind vom Minus zum Plus zu kommen gedenkt; er ist sein individuelles Bewältigungskonzept. Wer als Kind ein positives Bild von sich selbst und seinen Mitmenschen (»Gemeinschaftsgefühl«) erwirbt, der wird sich im späteren Leben eher auf nützliche Weise zur »Geltung« bringen. Wer als Kind aber unterdrückt, verwöhnt oder vernachlässigt wird, ringt später entweder nach Dominanz – entwickelt also ein starkes »Machtstreben« – oder er wird die Neigung ausbilden, vor Anforderungen zurückzuweichen, in Resignation zu verfallen.

Für diese innere Dynamik kann man sich als Lehrer sensibilisieren. Zu Adlers Zeiten, im Roten Wien vor 80 Jahren konnten die Lehrer nach Bedarf und Zeit zu »öffentlichen Lehrberatungen« gehen, die der Psychologe regelmäßig in verschiedenen Schulhäusern für Interessierte abhielt. Einer von ihnen berichtete dann im Kreis der Kollegen über einen schwierigen Schüler. Adler stellte zunächst einige Fragen, um die Situation des Kindes zu klären, vielleicht im Hinblick auf seine Beziehung zu Gleichaltrigen oder auf seine Selbstachtung, dann skizzierte er erste Vermutungen über den Fall, entwarf schließlich eine vorläufige Diagnose. Daraufhin wurden die Eltern und das Kind hinzugebeten und in Gegenwart der Lehrer befragt. Manchmal gab Adler dem Kind auch schon einen ermutigenden Anstoß oder den Eltern einen aufklärend-ermutigenden Hinweis. Sobald die Familie gegangen war, erklärte er dem Publikum seine Überlegungen zur Entstehung des Problems und schlug dem zuständigen Lehrer einen Entwicklungsplan für das betreffende Kind vor.

Die individualpsychologische Arbeit mit einem »Sorgenkind« vollzieht sich in drei Schritten:

- ▶ Erst einmal muss der Berater (in diesem Fall: der individualpsychologisch geschulte Lehrer) verstehen, welchen inneren Sinn, welche Zielsetzung (»Finalität«) die Auffälligkeit des Kindes hat. Will es durch seine Zappeligkeit mehr Aufmerksamkeit bekommen? Verweigert es das Lernen, um Misserfolgen auszuweichen?
- ▶ Dann sucht er nach einem positiven Ansatzpunkt für die Beratung – er setzt an Interessen des Kindes an oder hebt nützliche Seiten bei ihm hervor: Sein Talent hier, seine Zähigkeit dort, vielleicht seine Sensibilität. Dies stärkt das Selbstwertgefühl des Kindes und macht es für die folgende Korrektur aufgeschlossener.
- ▶ Nun kann der Berater ihm behutsam das Irrtümliche seines »Lebensstils« aufdecken und damit sein bisheriges Muster verbauen – allerdings so, dass es sich dabei nicht entwertet oder gekränkt fühlt. Gleichzeitig setzt er dem Kind ein neues Ziel, bietet ihm eine sinnvolle Alternative zu seinen bisherigen Verhaltensmustern an – mit ermutigender Unterstützung kann es

sich dann allmählich vorstellen, neue Wege auszuprobieren, auch solche Situationen einzugehen, die ihm bislang allzu bedrohlich schienen.

Wie waren diese drei Schritte eigentlich bei Martin verlaufen, dem Jugendlichen aus dem einführenden Beispiel? Zunächst die Diagnose: In Gesprächen mit Kind und Eltern hatten die Berater herausgefunden, dass die Lernunwilligkeit des Jungen Ausdruck einer tiefen Entmutigung war, und dass sein Störverhalten nur eine – aus seiner Sicht folgerichtige – Umgehung befürchteter Unterlegenheit darstellte. Wie bereits geschildert: Als Einzelkind war er lange »der Kleine« gewesen, gleichzeitig ruhten auf ihm hohe elterliche Erwartungen; mit fortschreitender Pubertät, einer Lebensphase zusätzlicher Verunsicherung, erschienen ihm dann Jux und Verweigerung als der leichtere Weg zu Aufmerksamkeit und Anerkennung. In einem zweiten Schritt dann die Suche nach dem archimedischen Punkt: Die Berater absolvierten mit ihm einige Probestunden unter vier Augen; dabei konnten sie sich ein Bild von seiner Auffassungsgabe machen – und ihm anschließend glaubhaft verdeutlichen, wie gut und langanhaltend er sich grundsätzlich konzentrieren könne. Zuletzt die behutsame Aufdeckung von Martins privater Logik: Eigentlich sei sein bisheriges Verhalten in der Schule recht clever gewesen, hatte er sich doch scheinbar wirksam vor Versagenssituationen geschützt – aber dieses Ausweichen habe sich ja nun als unnötig herausgestellt. Den konkreten Ausweg aus Martins Misere bildete ein umfangreicher Plan: »nachmittägliches begleitetes Lernen«. Schließlich handelte es sich ja nicht um eine Wunderheilung, also war davon auszugehen, dass ihn noch über längere Zeit Unzulänglichkeitsgefühle heimsuchen und auf die vertrauten Umwege locken würden. Die Lernbegleitung schützte ihn davor, dem nachzugeben, die Brocken wieder hinzuschmeißen – stattdessen konnte er in Situationen der Frustration über seine Gefühle reden und sich wieder Mut machen lassen.

Alfred Adler war ein Meister in der Kunst des Erahnens und des feinfühligen Aufdeckens. Er beobachtete seine Patienten sorgfältig und hatte eine gesunde Skepsis vor starren Formeln. Seine Maxime lautete »Es kann auch alles ganz anders sein«, aber das war kein Eingeständnis von Beliebigkeit, sondern drückte Gespür für seelische Dynamik aus. Sie ist eine Warnung für jeden Berater, sich bei der Deutung vorschnell festzulegen. Adler beschrieb sein Vorgehen ganz anschaulich:

»Bei der speziellen Diagnose muss man durch Prüfen lernen. Zunächst muss man die Ursache erraten. Aber dann muss man sie durch andere Anzeichen belegen. Wenn diese nicht übereinstimmen, muss man hart genug gegen sich sein, um die erste Hypothese zu verwerfen und eine andere Erklärung zu suchen.«

Das 1930 erstmals erschienene Bändchen »Vom Umgang mit Sorgenkindern« versammelt eine Vielzahl von Fallgeschichten. Sie machen deutlich, warum ein Kind zum Schulschwänzer wird (weil es seine bisherigen Erfolge gefährdet sieht), was hinter schlechten Schulleistungen stecken kann (ein Kind, das allzu fügsam geworden ist), warum sich eine angeblich geistige Behinderung als Pseudoschwachsinn erweist (das Kind entkommt durch Sich-dummstellen den überstrengen Maßstäben seiner gebieterischen Mutter), welches Ziel ein Klassenkaspar verfolgt (er traut sich nicht zu, erwachsen zu werden), wozu einer ständig den Unterricht stört (er will Führer sein, hat aber für dieses Ziel noch kein nützliches Betätigungsfeld gefunden), wie man einem Kind dazu verhilft, sich von einer destruktiven Clique zu trennen (indem man seinen Mut zur Eigenständigkeit stärkt). Antiquarisch ist diese wertvolle Beispielsammlung immer noch erhältlich – zu Spottpreisen.

Adlers Konzept und Methode wirken bisweilen hausbacken, ja banal, aber das wäre ein Trugschluss. Man hat der Individualpsychologie schon in ihren frühen Erfolgsphasen vorgeworfen, sie sei ja nicht viel mehr als gesunder Menschenverstand. Adler pflegte darauf zu antworten, das sei es eben, was anderen psychologischen Konzepten zu sehr fehle. Mittlerweile sind viele seiner psychologischen Begriffe und pädagogischen Analysen in unser Allgemeinwissen eingesickert – sie werden in Familie und Schule aber noch zu selten praktisch genutzt.

Will man auf »schwierige« Schüler gezielt förderlich einwirken, so ist also das Wichtigste eine Art Perspektivenwechsel. Man darf das lästige Verhalten nicht als Störung ansehen, sondern muss es als Problemlösung auffassen, ihm einen Sinn abgewinnen, seine Finalität erkennen. Was als Dummheit, Faulheit oder Böswilligkeit erschien, erweist sich bei näherem Hinsehen als Entmutigung – und geschickter Schachzug, die gefürchtete Situation einer Abwertung gar nicht erst aufkommen zu lassen bzw. einzugehen. Schwierige Schüler sind eigentlich ziemlich clever, sie lenken die Erwachsenen von ihren Lernschwierigkeiten ab, eröffnen Nebenkriegsschauplätze – und führen ihr Gegenüber damit geschickt in die Irre. Die Eltern bekommen Mitleid oder werden unsicher, die Lehrer lassen in ihren Anforderungen nach oder geraten ständig in Aufregung, schenken einem also Beachtung. Adler war immer der Meinung, wenn man die Welt mit den Augen des anderen sehe, müsse man zugeben, an seiner Stelle ähnlich gehandelt zu haben.

Aber welches Ziel verbirgt sich hinter dieser oder jener Störung? Zwar ist jeder Schüler ein Fall für sich, gleichwohl lassen sich – wie *Rudolf Dreikurs* gezeigt hat – vier Grundtypen falscher Zielsetzungen und möglicher Perspektivenwechsel unterscheiden – einen Überblick gibt die nachfolgende »Falsche-Ziele-Tabelle«. Dreierlei kann bei solcher Zuordnung helfen: die spontane Reaktion des Lehrers (fühlt er sich bspw. herausgefordert, geht es dem Kind meist um Überlegenheit), die Reaktion des Schülers auf eine Anforderung (trödelt er etwa herum, sucht er zusätzliche Aufmerksamkeit), bisweilen auch das Erkennungslächeln des Kindes (»Kann es sein, dass du mir gerne öfter eins auswischen willst?«)

Dem Perspektivenwechsel folgt die Bearbeitung und Aufweichung, womöglich die Auflösung des Problems. Statt den »Störer« zu beschuldigen, den »Faulen« unter Druck zu setzen, den »Dummen« zu beschämen, lässt der Lehrer den Schüler sein Interesse spüren, sucht nach positiven Ansatzpunkten, ermuntert zu ungewohnten Schritten. Statt es zu strafen, deckt er dem Kind seine bisherige ungünstige Verhaltenslogik auf und rückt ihm ein sinnvolleres Ziel ins Blickfeld. In den dokumentierten Fällen wirkte dieses Vorgehen selten spektakulär, erwies sich indes meist als äußerst nachhaltig. Oft eröffnen sich Auswege aus Blockaden nur schon dadurch, dass der Lehrer aus der Kampfstellung mit dem Schüler aussteigt, so dass dieser nicht mehr darum ringen muss, nicht den Kürzeren zu ziehen – der kräftezehrende und destruktive Nebenkriegsschauplatz hat sich erübrigt. Auch Martin, der Fast-Schreiner und Nun-doch-Pädagoge, war früher vor allem gemahnt – und ansonsten alleingelassen worden. Nun beschäftigte man sich intensiv mit ihm, stellte ihm deutliche, aber bewältigbare und auch kontrollierte Forderungen und gab ihm so Gelegenheit, in einem Rahmen des Aufgehobenseins seine eigentlich unbändigen Wachstumsenergien in nützliche Bahnen umzulenken.

Die Adlersche Perspektive ist für die Schule deshalb so bedenkenswert, weil sie das Ermäßigungsrisiko der kindorientierten Erziehung umgeht: Sie versucht zunächst zu verstehen, ermutigt dann aber dazu, sich den Anforderungen zu stellen. Individualpsychologisch orientierte Lehrer sind denn auch häufig recht berufszufrieden:
- ▶ Sie sind generell optimistisch, dass jeder Schüler lernwillig und entwicklungsfähig ist, und lassen sich auch nicht davon entmutigen, dass kontraproduktive Lernmuster äußerst robust sein können.
- ▶ Sie zweifeln nicht an der prinzipiellen Bedeutsamkeit des Lehrers und vertreten souverän ihre Erwartungen.

Störendes Verhalten von Schülern beruht auf falschen Zielsetzungen –

Schülerverhalten (Störung)	Irrtümliche Annahme (Ziel)
aktiv: schwätzen, angeben, dazwischenrufen, lästig sein *passiv:* faul, gefallsüchtig, übertrieben charmant, überempfindlich, tollpatschig, initiativarm, begriffsstutzig	Ich fühle mich nur wohl, wenn ich ständig Beachtung habe. (AUFMERKSAMKEIT)
aktiv: stur, widerspenstig, lügt, verweigernd, muss gewinnen, will Kontrolle	Ich fühle mich nur wohl, wenn ich Einfluss habe, gewinne, die Situation beherrsche. (MACHT)
aktiv: boshaft, gemein, verletzend, lügt, mobbt *passiv:* schmollt, klagt über andere, gibt sich ungeliebt oder als Opfer, gewährt dem L keinen Erfolg	Ich sehe keinen Weg, mich wohlzufühlen, aber ich kann das Wohlgefühl anderer stören. (RACHE)
passiv: gibt sich vollkommen hilflos/ dumm, nimmt an nichts teil, initiativlos, will in Ruhe gelassen werden	Ich sehe überhaupt keinen Weg, mich wohlzufühlen – ich gebe auf. (UNFÄHIGKEIT)

wie man sie erkennt und aus Teufelskreisen aussteigt

Übliche Lehrerreaktion (Indiz)	Wirkung auf den Schüler	Sinnvolle Korrekturmaßnahme* (Ausweg)
ärgerlich/gereizt/ unwillig/ ermahnend	höchstens vorübergehende Beruhigung, Verstärkung des Störmusters durch negative Aufmerksamkeit	ignorieren, abwarten, humorvoll übergehen, Aktivität ins Nützliche umlenken, bei anderer Gelegenheit Positives besonders würdigen
fühlt sich bedroht, herausgefordert, um sein Ansehen besorgt	verstärkter Kampf (Trotz)	aussteigen (recht geben, unerwartet freundlich reagieren, gelassen abwarten), zeitversetzt Positives beachten, Anregungen zu konstruktiver Machtausübung geben
fühlt sich verletzt, lehnt ab, will heimzahlen bzw. Lektion erteilen, sucht Verbündete, straft, schaut weg	gesteigerte Vergeltung	aussteigen und abkühlen, auf positive Seiten/Möglichkeiten hinweisen, Verständnis und Hilfsbereitschaft erklären, vorschlagen zeitweise auf Provokation zu verzichten
ohnmächtig/verzweifelt, gibt auf, beachtet nicht, mahnt überfürsorglich	anhaltende bzw. verstärkte Passivität	Mitleid vermeiden, mehr Lernzeit einräumen, kleine Erfolge organisieren, nicht aufgeben, verschüttete Interessen finden

* langfristig außerdem immer auch: vielfältig ermutigen, genügend Zeit für positiven individuellen Kontakt einräumen *(vgl. auch: Dreikurs)*

- Sie unterrichten in einer produktiven Grundhaltung, d.h. beziehungsaktiv und zutrauend-ermutigend.
- Sie sind in der Lage, Lernbarrieren und Beziehungskonflikte biographisch zu interpretieren, wohlwollend zu durchschauen, kurzfristig zu entschärfen – und bisweilen auch langfristig aufzulösen.

Lehreraffekte oder: das schwierige Selbst

Allerdings gibt es ein Phänomen, das auch engagierten Lehrern einen Strich durch die Rechnung machen kann – die eigenen Gefühle, der eigene Charakter. Erzählen verschiedene Lehrer unabhängig voneinander über ein und dieselbe Klasse, so entsteht bisweilen der Eindruck, es sei von gänzlich unterschiedlichen Lerngruppen die Rede. Der eine ärgert sich immer wieder, weil die Schüler ihn andauernd ärgern; die andere versteht nicht, warum so viele den von ihr so gut vorbereiteten oder präsentierten Stoff nicht verstehen. Einer findet es eine Zumutung, dass die Pubertierenden sein hochdifferenziertes Fachwissen nicht stärker wertschätzen; eine andere ist bereits hocherfreut, ja förmlich dankbar, wenn sich die Schüler ab und zu einmal zu einer Meinungsäußerung bequemen. Dieses Phänomen lässt sich quer durch alle Fächer beobachten, es kann also nicht mit der Beliebtheit oder den Schwierigkeiten eines Faches zusammenhängen. Die unterschiedlichen Perspektiven verweisen eher auf eine eigentliche Binsenweisheit: dass Lehrer auch nur Menschen sind, dass sie nicht als Roboter unterrichten, sondern als Beziehungswesen – mit Empfindungen und unbewussten Erwartungen, mit einer eigenen emotionalen Lebensgeschichte.

Oft erweist sich deshalb bei sorgfältiger Analyse schulischer Konflikte nicht der Schüler als das Problem, sondern der Lehrer. Etwa der Kollege, der schon beim geringsten Muckser auf den Tisch haut: Den Schülern liegt jede Hinterhältigkeit fern, es ist der

Lehrer selbst, der sich so schnell nicht ernst genommen, ja ohnmächtig fühlt – weil er eben einmal ein Junge war, der immer empfunden hat, seinen großen Geschwistern ausgeliefert zu sein. Oder die Kollegin, die schon beim kleinsten Unverständnis in heftiges Kritisieren verfällt: Die Schüler sind keineswegs sonderlich begriffsstutzig oder gar renitent, die Lehrerin selbst hingegen fürchtet zu scheitern, wenn ihre Erklärungen nicht unmittelbar fruchten – weil sie selbst einmal ein Mädchen war, das vom Vater wegen jeder Kleinigkeit gemaßregelt wurde. Oder die beiden Kollegen in der Mittelstufe, deren Klassen schon seit Langem außer Rand und Band und scheinbar kaum noch zu bändigen sind: Der eine lässt von der ersten Sekunde an den Hammer kreisen, er treibt die pubertierenden Schüler förmlich in eine Frontstellung gegen ihn; der andere verschließt die Augen zuerst vor kleineren, dann auch größeren Regelverstößen, sodass die Jugendlichen verständlicherweise das Ruder in der Klasse übernehmen. In beiden Fällen tun die Lehrer das offensichtlich Falsche aus subjektiv guten Gründen: Weil sie als Kinder den Eindruck gewonnen haben, dass man mit der Devise »Angriff ist die beste Verteidigung« oder aber »Augen zu und still halten« am besten fährt.

»Lernen ist ein Beziehungsproblem« – diese scheinbar harmlose Formel besagt, dass auch Lehrer die Entwicklung von Schülern unbewusst stören können: durch übergroße Empfindlichkeit oder versteckte Ängste, durch allgegenwärtigen Ärger oder unverhohlenen Dünkel, durch das zwanghafte Bedürfnis, das letzte Wort haben zu müssen, oder durch übersteigertes Harmoniestreben. Auch Lehrer haben einen Charakter, ein Muster des Wahrnehmens und Reagierens, das für manche Beziehungs-Sackgasse verantwortlich ist. Hierzu zählt auch die verbreitete Neigung, Schülern Belastungen vorschnell abzunehmen, von *Albert Wunsch* treffend als »Verwöhnungsfalle« bezeichnet. Das kann die unterschiedlichsten biografischen Gründe haben: Weil man um die Anerkennung des Kindes ringt und ihm deshalb ungern den Wunsch nach

Erleichterung abschlagen mag. Oder weil man an der eigenen Bedeutsamkeit zweifelt und sich deshalb gerne unverzichtbar machen möchte. Oder weil einen das Jammern des Kindes an eigene Überforderungen erinnert.

Solche individuellen, biografisch bedingten Schwächen der Lehrerpersönlichkeit – die blinden Flecken des Lehrers – erschweren, blockieren, ja konterkarieren das pädagogische Anliegen, reduzieren die »Erfolgsquote« des Lehrers, dämpfen seine berufliche Zufriedenheit. Aber was beim Schüler hilft, ist auch beim Lehrer möglich – nämlich ein Durchschauen und Aufweichen – oder gar Überschreiben – von verzerrenden Wahrnehmungs- und Reaktionsmustern. Wann fühle ich mich Kindern ausgeliefert und haue deshalb unnötig, aber Fronten bildend auf den Putz? In welchen Situationen empfinde ich das Verhalten von Schülern als kränkend und wende mich deshalb enttäuscht ab? Vor welchen Konflikten habe ich latent Angst und weiche der Auseinandersetzung deshalb unbewusst aus? Wo arbeite ich nur noch monoton mein Pensum ab – und wirke deshalb auf die Schüler auch menschlich desinteressiert. Solch' analytische Selbsterkenntnis vermag Lehrern erleichternde und oftmals ungeahnte Auswege für pädagogische Konflikte zu eröffnen. Das gelingt allerdings selten durch Lektüre im stillen Kämmerlein oder durch Nachdenken in der Kneipe – schließlich ist man sich selbst gegenüber unweigerlich parteiisch. Sinnvoller ist externe Spiegelung, wie sie fachkundig geleitete Gruppengespräche oder professionelle Einzelberatung leisten können.

Unterlässt der Lehrer solch' reflektierende Klärung und Entlastung, dann droht langfristig – erst recht nach Krisenphasen – ein Burnout-Syndrom. Dabei handelt es sich um einen andauernden und schweren emotionalen Erschöpfungszustand mit seelischen wie körperlichen Beschwerden; die Betroffenen fühlen sich innerlich leer, sehen keinen Sinn mehr in ihrem Tun, nehmen eine zynische Grundhaltung ein. Gerade im Lehrerberuf ist das Burnout-Risiko erheblich: Der *Schaarschmidt-Studie* zur Arbeitsbelastung zufolge fallen 59 % aller Lehrer durch Selbstüberforderung oder Resignation auf, weitere 24 % praktizieren eine zwar nicht krankmachende, beruflich aber auch wenig ergiebige Schonhaltung.

Wenn Lehrer allmählich »ausbrennen«, hat das fast immer mit grundsätzlicher Rollenunsicherheit und Beziehungsdefiziten zu tun. Sie fühlen sich beinahe unbegrenzt für ihre Schüler verantwortlich – anstatt von diesen mindestens so viel zu erwarten wie von sich selbst. Sie nehmen sich auch kaum Zeit für Gespräche mit ihrer Klasse (warum es in dieser Woche so unruhig war, was denn den letzten Test so schwer gemacht habe, was ihnen beim letzten Thema besonders gefallen habe) – so entgeht ihnen auch manch' positives Echo der Schüler. Zudem veranstalten solche Lehrer nur selten eine Exkursion, eine Schülersprechstunde, ein Klassenfest – dabei gerät solch' scheinbare Mehrarbeit oft zum selbstorganisierten Erfolgserlebnis. Berufszufriedenheit bei Lehrern hat sehr viel damit zu tun, wie souverän und beziehungsreich sie mit den Schülern umgehen.

Oft ist es eine ganz bestimmte lebensgeschichtliche Schlagseite des Lehrers, die unter gewissen äußeren Umständen dazu führt, dass sein bisheriges Arrangement zusammenbricht – und das Unterrichten nicht nur für die Schüler unergiebig, sondern auch für ihn selbst unerträglich wird. *Joachim Bauer* beschreibt eine besonders riskante »Zwei-Komponenten-Konstellation«, die schweres Burnout auslösen kann: wenn nämlich ein Lehrer sich langjährig extrem verausgabt hat und er dann eine schwere Kränkung durch Schüler oder Eltern erleidet, bei der weder Schulleitung noch Kollegen ihm die nötige Unterstützung bieten.

Mit dem richtigen Fach- und Methodenwissen alleine ist es beim Schulegeben also nicht getan. Der gute Lehrer muss sich auch selber gut kennen, er muss seine Haltung im pädagogischen Prozess reflektieren und modifizieren können. Er muss »wissen«, wann es sinnvoll ist, »Macht« auszuüben, die Lerngruppe also souverän zu steuern, und wann es angemessen wäre, nachzugeben, sich weich, ja womöglich verletzlich zu zeigen; er muss Enttäuschungen zulassen und sich Entlastung verschaffen können. Tiefenpsychologische Lehrertrainings können dabei helfen, Entwicklungssackgassen zu vermeiden und aus Gefährdungsmustern herauszufinden. Dazu müssen sich Lehrer keineswegs einer Therapie unterziehen – und schon gar nicht irgendwelchen Destabilisierungen ihrer Persönlichkeit nach dem Motto »Wie man in drei Tagen sein Gesicht verliert«. Es geht vielmehr um emotionale Bewusstmachung, um neue Perspektiven und um veränderte Akzentuierungen im pädagogischen Handeln. Einen wichtigen Schritt in diese Richtung stellt das Manual nach dem »Freiburger Modell« dar. Analog zum Modell der Balint-Arbeit hat *Joachim Bauer* Unterstützungsmaterialien für Lehrer-Coaching-Gruppen zusammengestellt; in zehn fachkundig moderierten Doppelstunden können Pädagogen ihre Beziehungskompetenzen professionell weiterentwickeln.

Erinnern wir uns noch einmal an Martin: Auch er hätte Lehrer gebraucht, denen bei Faulheit oder Clownereien mehr eingefallen wäre als bessere Arbeitsblätter oder häufigere Tadel oder achselzuckendes Abwarten. Pädagogen, die Machtkämpfe mit ihm vermieden, die seine latente Entmutigung erspürt, die mit ihm öfter gesprochen, ihn ermutigt, ihn enger begleitet hätten. Die Fähigkeit dazu ist Lehrern aber nicht zwangsläufig in die Wiege gelegt, wäre gleichwohl zu erlernen – nur hat Derartiges in der heutigen Lehrerausbildung leider noch Seltenheitswert. Im Studium geht es vor allem um Fachkenntnisse, die erziehungswissenschaftlichen Einsprengsel bleiben meist akademisch lebensfern. Und im Referendarjahr lässt der Primat der Methodenorientierung auch keinen Raum für Schulung in Beziehungskompetenz. Die Wiener Lehrer der 1920er Jahre hatten es da besser: Zu Adlers öffentlichen Lehrberatungen konnte jeder Interessierte so oft kommen, wie er wollte. Auch heute gibt es im deutschsprachigen Raum einige Alfred-Adler-Institute. Sie bieten indes nur eine langwierige, für manchen schwer erschwingliche Weiterbildung zum individualpsychologischen Berater an. Was bislang aber weitgehend fehlt, sind flächendeckend niedrig-schwellige Angebote zur emotionalen Anreicherung der klassischen Unterrichtskompetenz: Lehrerkurse etwa, die das Adlersche Gedankengut auch denjenigen nahebringen, die sich nicht für jahrelange und kostspielige Lehrgänge erwärmen können. Mehr beziehungsanalytische Kompetenz in der Schule wäre jedenfalls ein veritables Gegengift gegen Sisyphosgefühle und Burnoutsymptome. Die tägliche Unterrichtsarbeit erledigt man dann nämlich unweigerlich mit größerer Gelassenheit und breiterer Wirksamkeit – einfach mit mehr Selbstbewusstsein und Menschenkenntnis.

High noon

So, noch drei Gespräche, es ist gleich 12 Uhr, der Elternsprechtag geht seinem Ende entgegen. Ah, da kommt Anikas Mutter herein.

»Guten Tag, Frau Ziemer.«

Sie setzt sich und schaut mich erwartungsvoll an.

Ihre Tochter ist – vier Monate vor dem Versetzungszeugnis – die schlechteste Schülerin in meiner 10. Vier Fünfen, viele Vieren, nur eine Zwei in Sport und eine Drei in Biologie. Schon seit Längerem sind Jungs, Musik und Alkohol für sie wichtiger als Bücher, Hefte und Lehrer. Während des Praktikums in einer Tierarztpraxis hatte sich allerdings ein leichter Sinneswandel angedeutet: Das Lebendige hatte sie wohl berührt, sie hatte erstmals so etwas wie Verantwortlichkeit empfunden – und den Wunsch geäußert, später mal Tiermedizin zu studieren. Sie war ein enorm pfiffiges Mädchen, und so war ich spontan von ihrer Idee angetan – gemeinsam entwickelten wir damals eine kleine Vision von kontinuierlicherem Lernen und allmählichem Aufstieg. Jetzt aber hatte es wohl einige Einbrüche gegeben, ich hatte mich auch um andere Sorgenkinder kümmern müssen – nun war die Versetzung – und auch die Vision – ziemlich gefährdet.

»Wo ist denn Anika, ich dachte, sie seien zu zweit gekommen?«

»Die liegt im Bett, ist ja heute kein Unterricht, und gestern war's wohl auch spät.«

»Aber die hätte doch viel aufzuarbeiten, wäre doch ein idealer Tag für Fortschritte.«

»Also ich hab' da nichts in der Hand, wenn ich dazu was sage, winkt die nur müde ab.«

Es ist das alte Lied: Kinder entwickeln sich nicht einfach so ungünstig. Sie brauchen dazu Eltern, die Nichtstun zulassen, die ihnen dafür Raum geben. Klar, Anika ist jetzt 16 und in dem Alter lassen sich viele nur noch wenig sagen. Aber bei ihr geht das schon lange so, es ist quasi eine eingespielte Sache zwischen Mutter und Tochter: Das Mädchen braust auf, und der Erwachsene weicht zurück, lässt auch sinnvolle Forderungen fallen. Und warum? Weil ihm die Auseinandersetzung lästig ist, weil er die Anerkennung seines Kindes nicht riskieren möchte, oder weil er der unseligen Auffassung verfallen ist, die jungen Leute müssten selbst herausfinden, was gut für sie ist.

Ich greife zum Handy. »Sagen Sie doch bitte ihre Telefonnummer.« Erstaunt nennt sie mir die Ziffern, ich wähle.

»Jaaa?« Müde ertönt Anikas Stimme, heute besonders rauchig.

»Hier ist dein Klassenlehrer.« »Hä, wieso das denn?«

»Deine Mutter sitzt hier vor mir, es geht um deine Versetzung. Ohne dich kommen wir da aber nicht weiter.«

Stille am anderen Ende, dann gereizt: »Ja und?«

»Also, am besten wäre es, du würdest sofort duschen, dich anziehen und dann hierherkommen. Ich verschiebe euren Termin, schicke deine Mutter einen Kaffee trinken, und nachher sprechen wir dann zu dritt.«

»Sie spinnen wohl ...«

»Nein, überhaupt nicht, das ist das Beste, was wir jetzt machen können – also, in 40 Minuten könntest du wohl hier sein, bis gleich.« Ich lege auf.

Das mache ich in diesem Alter häufig. Die Jugendlichen zum Elterngespräch dazubestellen – und mich dann vor allem mit ihnen unterhalten, in Anwesenheit von Mutter oder Vater. Sind *sie* nicht die Hauptakteure bei der Frage Lernen oder Nichtlernen? Und mancher wilde Kerl, manche aufsässige Zicke lässt sich von mir eher eine Verhaltensänderung abringen als von den verunsicherten, vielleicht gar ratlosen Eltern. Zugleich demonstriere ich diesen, wie man mit einem groß gewordenen Kind auch umgehen kann: Eben freundlich und fest zugleich. Manchmal ist dann die ganze Familie verblüfft, wenn ich einen jugendlichen Faulpelz frage: »Und, welchen Anteil übernimmst *du* von den Kosten für die Nachhilfe? Vielleicht einen Euro pro Stunde, quasi symbolisch? Weißt du, für deine Eltern bedeutet das ja harte Zusatzarbeit, wenn sie dir zusätzliche Unterstützung anbieten ...«

Auch die Eltern erziehen?

Auf die Lehrer kommt es an – aber das heißt natürlich keineswegs, dass die Eltern aus dem Schneider wären! Lernerfolg hängt nun einmal weitaus stärker von den häuslichen als von den schulischen Bedingungen ab – zu etwa 60 %. Kein Wunder: Schließlich wurde das, was in der Schule lernt – nämlich das kindliche Gehirn – bereits in den vorschulischen Lebensjahren, also in der Familie enorm vorgeprägt – und deshalb wirkt vom ersten Schultag an das Matthäus-Prinzip («Wer hat, dem wird gegeben."). Diese Sichtweise ist kein Abschieben von schulischer Verantwortung, sondern ein Akzeptieren anthropologischer Faktizität. Jüngstes Beispiel dafür sind die leistungsstarken Kinder der vietnamesischen boatpeople: Sie haben ja keine speziellen Gene aus dem Fernen Osten mitgebracht, sondern in ihren Familien schon früh die Faszination von Wissen und das Lernprinzip Fleiß kennengelernt.

Wenn heute vom Verhältnis zwischen Familie und Schule gesprochen wird, ist oft von Erziehungspartnerschaft die Rede. Ein Begriff, der sich nett anhört, aber reichlich Ambivalenz birgt: Man möchte gut miteinander auskommen, aber jede Seite hat auch ihre eigene Interessenlage – ein Gemenge von Harmoniewünschen und Konfliktstoff. So haben nicht wenige Eltern gemischte Gefühle, wenn es um den Kontakt mit dem Lehrer geht: Weil sie den Eindruck haben, der habe zu wenig Zeit für sie oder lasse sich ungern in die Karten gucken; weil sie sich ihm unterlegen fühlen oder Kritik an ihrer Erziehungsleistung befürchten; weil sie glauben, solche Gespräche brächten ja doch nichts, oder weil sie gar ungünstige Auswirkungen auf ihr Kind befürchten.

Lehrern ergeht es kaum anders, vielfach haben sie nur ungern mit Eltern zu tun. Untergründig befürchtet man Einmischung, Kritik oder Widerspruch – und übersieht die verständliche elterliche Sorge, das so lange gehegte Kind könne unter ungünstigen

Einfluss geraten. Zudem fühlen sich die wenigsten Lehrer der psychologischen Dimension solcher Begegnungen gewachsen. Kein Wunder, erwirbt doch der angehende Lehrer weder das Handwerkszeug zu wirksamer Einzelberatung noch die Kompetenz, die Dynamik eines Elternabends pädagogisch produktiv zu gestalten. Und dann heißt es schnell: Um wen soll man sich denn noch alles kümmern? Was zunächst als Mehrarbeit erscheint, erweist sich indes schnell als Arbeitserleichterung für den Lehrer, nicht selten gar als Bereicherung.

Das familiäre Klima erkunden

Lehrersprechstunden etwa, also der beratende Austausch unter vier Augen, sind ein potenziell höchst fruchtbarer Ort, an dem sich eigentlich beide Seiten gleichwertig fühlen könnten: Schließlich sitzen sich zwei unterschiedliche Spezialisten in Sachen Kind gegenüber: Der eine kennt es am längsten und in den verschiedenartigsten Situationen, der andere sieht es mit größerer Objektivität beim Lernen und im Wettbewerb mit den Gleichaltrigen. Man sitzt nicht in einem Boot, aber man könnte am selben Strang ziehen. Warum nicht von der Verschiedenheit profitieren, statt sich an ihr aufzureiben? Dann wären Elternsprechtage nicht länger eine Last, die man schnell hinter sich bringen möchte, sondern ein Feld von Echo und Einfluss.

Zu Recht wollen Eltern von schulischen Begebenheiten erfahren, die das Kind ganz anders darstellt oder verschweigt – oder die es vielleicht gar nicht kennt. Sie lernen dabei ja auch neue Seiten ihres Kindes kennen – ihnen ist ja vor allem seine innerfamiliäre Gangart vertraut, nicht aber die unter Anforderung und in der Konkurrenz mit den Gleichaltrigen. Umgekehrt bringt es uns Lehrern viel, wenn Eltern auch vom außerschulischen Leben ihres Kindes erzählen. Ist das nicht die beste Gelegenheit, dieses der latenten Anonymität des Großbetriebs zu entreißen – pro Stunde haben wir immerhin mit 30, im Laufe eines Schultages manchmal mit 180 verschiedenen Kindern zu tun! Erst wenn wir erfahren, wie dieser Max, diese Selma sich zuhause bewegen, welche Hobbies sie haben, welche Probleme sie beschäftigen, heben sie sich in unseren Augen deutlicher von der Masse der anderen ab; jetzt erst entsteht für uns ein schärferes Bild von diesen Kindern, jetzt erst könnten wir individueller auf sie eingehen und ihnen so ein Stück weit gerechter werden. Das kostet natürlich mehr Zeit, als etwa die engen Raster gymnasialer Elternsprechtage zulassen – nach 10 Minuten ist man mit manchem Vater, mancher Mutter doch gerade erst warm geworden. Ich habe diese Zeiträume immer sehr eigenwillig gedehnt, mindestens eine Viertelstunde, besser noch 20 Minuten, und wenn nicht für alle, dann zumindest für Einzelne. Und oft schien mir auch das noch zu wenig – dann bin ich auf meine Einzelsprechstunde ausgewichen oder auf Hausbesuche.

Erst wenn man sich genügend Zeit nimmt, merkt man, welch' hochinteressanter Mikrokosmos jede Familie ist. Deshalb kann der Beruf des Lehrers ja auch lebenslang interessant bleiben. Die Grammatik, die Rechenregeln, die Vokabeln, all' diese fachlichen Aspekte ändern sich nur wenig, werden irgendwann Routine, vielleicht gar langweilig. Nur die Schüler wechseln ständig. Und aus welch' unterschiedlichen Ställen sie stammen! Nicht selten fällt es einem dann wie Schuppen von den Augen: So prahlerisch, wie Hannes sich immer in der Gruppenarbeit benimmt – bei den ehrgeizigen Geschwistern und den ständig gehetzten Eltern ist es eigentlich klar, dass der Sohn zwanghaft beweisen muss, dass er auch einiges zu bieten hat! Oder Hanna: So patzig, wie sie stets die Fragen des Lehrers kontert – bei dem latent unzufriedenen, ja zynischen Vater ist es doch kein Wunder, wenn die Tochter nur mit Abweisung, ja Demütigung rechnet.

Lehrer-Eltern-Gespräche können also spannende Forschungsreisen in familiäre Klimazonen sein, sie lassen einen erahnen, wie in diesem Fall innere Stürme entstehen, wie in jenem Versteppung oder gar eine Eiszeit droht, was dort tropische Verhältnisse angerichtet haben. Innerliches Augen-verdrehen oder gar offene Missbilligung haben dabei natürlich nichts verloren. Eltern sind mindestens ebenso empfindlich wie Lehrer: Sie »arbeiten« auf einer sehr persönlichen Ebene, mit den eigenen Kindern, ihrem ganzen Stolz! Und sie denken in der Regel, niemand könne ihr Kind so gut verstehen wie sie selbst. Anstelle von Besserwisserei ist deshalb zunächst einmal Einfühlung und Respekt angesagt. Weiß man nicht selbst, wie schwer es ist, 30 pubertierende Rabauken mit halbwegs passablem Lernzuwachs durch eine Mathestunde zu schleusen? Mindestens die gleiche Würdigung haben die endlosen Mühen von Eltern verdient, ihr Kind nach bestem Wissen großzuziehen: Schwangerschaftssorgen, Kinderkrankheiten, Erziehungsunsicherheit – aber nicht nur von acht bis eins, sondern von morgens bis abends, Jahr für Jahr, oft ohne Ferien!

Die Familie als Mitspieler gewinnen

Verständnis wäre allerdings nur die halbe Miete – gelegentlich muss man auch – 'mal deutlich, 'mal behutsam – Anstöße zu einer günstigeren Erziehungshaltung geben – weil es das Lernen mit dem Kind erleichtert. Eine große Störquelle ist etwa die elterliche Verwöhnung – die verständliche Neigung, einem jammernden Kind vorschnell entlastend beizuspringen, es unnötig in Schutz zu nehmen. Die hartnäckigsten Problemschüler sind schließlich diejenigen, deren Unsinn stets entschuldigt wird. Solchen Eltern muss man nahebringen, dass sie ihr Kind unterschätzen – und damit schwächen. Sie sollten ihm lieber öfter die Erfahrung gönnen: Das Leben fällt mir nicht in den Schoß, aber ich kann es mir erwerben! »Das Beste, was eine gute Fee einem Kind in die Wiege legen kann, sind Schwierigkeiten, die es überwinden kann«, meinte deshalb

Alfred Adler. Oder mit den Worten von *Hermann Giesecke*: »Widerstand zu erfahren ist eine fundamentale Reifungsbedingung.« In unserer zunehmend vaterarmen Gesellschaft müssen heute beide Geschlechter die Fähigkeit wiedererringen, ihrem (oft einzigen) Liebling gewisse Wünsche selbstbewusst zu versagen, müssen lernen »gute Autorität« (*Wolfgang Bergmann*) zu sein.

Statt altersgemäße Anforderungen abzuschwächen, sollten Eltern ihren Kindern auch noch in der Schulzeit – der ständigen Begegnung mit Ungewohntem und Schwierigem – genügend familiären Rückhalt bieten. Denn die Bindungs- und Jugendforschung lässt keinen Zweifel: Kinder können sich umso interessierter mit Neuem in ihrer Umwelt befassen, je sicherer sie sich bei ihren engen Bezugspersonen aufgehoben fühlen. Das erfordert freilich auch Zeit. Mütter und Väter, die zu sehr mit sich selbst beschäftigt sind, fühlen sich aber vom Nachwuchs schnell gestört – und wenn das oft vorkommt, dann entwickeln die Kinder eben selbst Störungen, auch beim Lernen. Viele Kinder werden heute zu früh sich selbst überlassen, der frühere Problembegriff »Schlüsselkind« hat merkwürdigerweise ein Positivimage bekommen.

Das gegenteilige Übel sind übersteigerte Erwartungen – Kinder können förmlich aufblühen, wenn man hier feinfühlig dämpfen kann. Schon manches Elternpaar konnte sich beruhigen, wenn ich ihm klarmachte, dass das Kind ihre Ansprüche längst aufgenommen habe, diesen aber leichter folgen könne, wenn sie nicht ständig mit Kritik und Zweifel nachkarten würden. In anderen Fällen konnte ich den Druck dadurch mildern, dass ich den elterlichen Anspruch prinzipiell bejahte, im gleichen Atemzug aber für den Gedanken warb, dass die Dinge in diesem Fall ein wenig anders lägen, dass dieses Kind einen anderen, ebenfalls vielversprechenden Weg ins Leben gewählt habe. Oft hilft es Eltern auch, wenn man sie daran erinnert, wie weit der Entwicklungsstand von gleichaltrigen gesunden Kindern auseinander liegen kann. Man könnte ihnen beispielsweise Schaubilder des Schweizer Kinderarztes *Remo*

Largo zeigen, wonach eine Siebenjährige in der zweiten Klasse ebenso weit sein kann wie ein keinesfalls hochbegabter Fünfjähriger im Kindergarten – oder auch ein keineswegs entwicklungsgestörter Neunjähriger. Solche Anstöße gelingen natürlich umso eher, je mehr Eltern das Gefühl haben, ihr Kind liege einem wirklich am Herzen – und eine solche Authentizität lässt sich nicht vortäuschen!

Insbesondere die neue Bildungsangst der Mittelschichten scheint Kinder verstärkt unter Druck zu setzen. Das Wunschkind soll denn auch gleich das perfekte Kind sein, eine Rechenschwäche – oder schon eine Drei in Deutsch – ist dann undenkbar, muss per Medikament oder Therapie aus der Welt geschafft werden, statt »der wird Handwerker« heißt es heute »ich habe ein ADHS-Syndrom«. Dabei sind hyperaktive Kinder vielfach gar nicht krank, schon gar nicht fehlt ihnen irgendeine Arznei – oft aber genügend sichernde elterliche Beziehung. Daran mangelt es indes heute in vielerlei Familienkonstellationen, bei bildungsnahen Doppelverdienern ebenso wie bei der Single-Hausfrau in einfachen Verhältnissen. Der australische Familientherapeut *Steve Biddulph* schildert den Fall eines extrem unruhigen Jungen, dessen Vater Fernfahrer war. Der Junge wurde schlagartig ausgeglichener, als sein Vater in der Beratung erfuhr, dass er selbst ja ein so unruhiges Leben führte und sein Sohn deshalb zu kurz kam – nun nahm er den Jungen hin und wieder mit zum Beladen oder in die Werkstatt.

Gerade die elterliche Reaktion auf schulische Beurteilungen wie Klassenarbeiten oder Zeugnisse ist oft kontraproduktiv. Das Leidige von Leistungstests besteht ja darin, dass sie das höchst subjektive Selbstbild des Kindes (und oft auch der Eltern) mit einem relativ objektiven Echo seiner tatsächlichen Fähigkeiten konfrontieren. Schnell sind die Eltern dann von ihrem Kind enttäuscht und versuchen, es durch Kritik anzuspornen – anstatt die vollbrachte Anstrengung würdigen oder es bei einer Enttäuschung zunächst zu trösten. Oft steckt auch in einer 3 viel Arbeit; manchmal ist auch eine 4 bereits ein großer Fortschritt! Ehrgeizige Eltern erkennen das aber oft erst, wenn ein Lehrer es ihnen glaubhaft ausmalt. Dann nehmen sich Kinder auch selbst gern weitere Verbesserungen vor, was allemal fruchtbarer ist als elterliches Mahnen, Drängen oder gar Zwingen. Das heißt übrigens nicht, dass jeder kritische Kommentar der Eltern verkehrt wäre. Es kommt eben darauf an: Mit welchen Gefühlen man die Kritik äußert (enttäuscht oder anspornend), wie das Kind selbst sich mit dieser Leistung fühlt (ob es zufrieden oder zerknirscht ist), welche Lernhaltung es bislang hatte (ob es sich angestrengt hat oder die Dinge im Vorfeld laufen ließ), und an welchen Punkten eine ehrliche Ermutigung bei ihm ansetzen könnte. Und nicht nur elterliches Kritisieren ist eine meist entmutigende Angelegenheit; auch manches Lob schwächt eher, als dass es aufbaut. Wenn etwa jeder kleine, aber durchaus übliche Fortschritt überschwänglich bejubelt wird, kann das vom Kind auch so aufgefasst werden, dass man ihm eine normale Entwicklung nicht recht zutraut.

Doch gibt es auch den umgekehrten Fall: Eltern lenken ihre Enttäuschung um und schieben dem Lehrer die Schuld für das Versagen des Kindes zu. Diese oder jene Aufgabe im Test war doch nun wirklich unlösbar, zumindest unverständlich formuliert; oder die Mitschüler hätten derart gestört, dass ihr Kind unmöglich in Ruhe hätte lernen können. Niemand wird behaupten, dass alle Pädagogen gleich gut sind und jeder Lehrer stets unanfechtbar entscheidet – aber das ist auch gar nicht entscheidend. Wesentlich ist vielmehr, dass Kinder sich damit anfreunden, Anforderungen nicht abzuwehren, sondern als Herausforderungen anzunehmen. Denn die Schule hat ja gerade die Aufgabe, junge Menschen aus der familiären Fürsorge herauszuführen und sie schrittweise gesellschaftlichen Ansprüchen auszusetzen. Natürlich fällt diese Konfrontation mit dem Ernst des Lebens nicht jedem leicht. Aber vorschnelle Abschwächung wäre ein schlechter Liebesdienst. Was Kinder nach schulischen Versagenserlebnissen und Enttäuschungen brauchen, ist durchaus elterliches Mitgefühl – vor allem aber Ermutigung.

Auch Gespräche über die weitere Schullaufbahn sind stets heikel. Denn der fruchtbarste Ansporn für ein Kind ist längst nicht immer die anspruchsvollste Schulform. Die Empfehlung »Realschule« oder ein Wechsel vom Gymnasium zu einer »niedrigeren« Schulform mag zwar im ersten Moment Eltern und Kind enttäuschen, muss aber keineswegs eine Katastrophe sein. Wer in seinem derzeitigen Leistungsvermögen auf absehbare Zeit überfordert ist, wer über Jahre als fünftes Rad am gymnasialen Wagen mitschleift, durchläuft die Pubertät doch frustrierter, als wenn er sich in einer gut geführten Real- oder Hauptschule in der Spitzengruppe seiner Klasse positioniert hätte – und je nach Interesse und Noten nach der Mittleren Reife ins Gymnasium gewechselt wäre! Aber auch keine Scheu vor dem Einstieg in die Arbeitswelt! Kinder, denen schon in der achten Klasse das Bücherlernen eine Qual ist und die bis zur 10 keine neue Freude daran entwickelt haben, würden bei einer handwerklichen Ausbildung vielleicht aufblühen. Glücklicherweise gibt es heute vielerlei Möglichkeiten, das Abitur zu einem späteren Zeitpunkt abzulegen – nachdem man eine Zeit lang in der Berufspraxis zugepackt hat und ein Stück weit erwachsener geworden ist. Wäre ein solcher Weg nicht besser, als den Eltern in den kraftstrotzenden Jahren zwischen 15 und 18 gelangweilt auf der Tasche zu liegen – und den Mitschülern das Interesse am Bücherlernen zu vergällen?

Die Regie des Elternabends

Mancher Elternabend erstarrt in bürokratischer Langeweile, bei anderen fürchtet der Lehrer die Unwägbarkeiten übereifriger pressure-groups aus der Elternschaft. Dabei könnte gerade von dieser Situation ein kollektiver Förderimpuls ausgehen. Man darf nur nicht den Klagen einzelner Mütter über zu viel Hausaufgaben oder ungerechte Lehrer im abendlich-stickigen Klassenraum allzu viel Raum zu geben. Und man darf die Eltern auch nicht mit langen Übersichten über die anstehenden Fachinhalte plagen – das verstehen viele gar nicht, und es interessiert sie auch nicht primär. Vielmehr geht es darum, die Eltern als Mitspieler zu gewinnen. Dazu gehören Themen auf die Tagesordnung, die Eltern beunruhigen oder ermuntern oder aufklären: Wie sie das Lernen zuhause unterstützen können (z. B. gemäß der 4-Z-Regel: Zuhören und Zutrauen, Zumutung und Zuspruch), warum Schulerfolg und die PC-Quote im Kinderzimmer umgekehrt proportional zusammenhängen (*Pfeiffer*), wie sich Unterhaltungsgewalt in den Jugendmedien auf Lernkonzentration und Interessenentwicklung auswirkt (*Hänsel*). Man kann externe Experten einladen, der Lehrer kann aber – nach entsprechender Einarbeitung – auch selbst referieren.

Dem Thema Hausaufgaben gebe ich immer besonderen Raum. Wenn Eltern dazu eine richtige Einstellung haben, entschärft das nämlich nicht nur die üblichen häuslichen Konfliktlinien, es erleichtert auch meine schulische Arbeit. Hausaufgaben sind ja bei Schülern nicht nur unbeliebt, weil sie die Zeit für Schönes und Eigenes stehlen. Sie stellen auch stets einen kleinen Test dar, wie gut man den Stoff bereits verstanden hat und wie selbstständig man schon ist. Deshalb ist es gut, wenn die Kinder beim Erledigen der Hausaufgaben nicht alleine sein müssen – das verhindert vorzeitiges Ausbüxen; andererseits darf man ihnen Schwierigkeiten nicht vorschnell abnehmen. Auch sollten Mutter oder Vater dafür sorgen, dass genügend Zeit in die häusliche Schularbeit investiert wird, aber sie dürfen auch nicht gängeln oder dauernd kritisieren. Es gibt einen wundersamen Mittelweg: Wenn Eltern nicht kontrollieren, was ihre Kinder denn lernen, sondern sich dafür interessieren. Die Kleinen erklären den Großen dann eine Aufgabe aus dem Unterricht oder sammeln gemeinsam mit ihnen weitere Beispiele zum Unterrichtsthema. So können die einen sich groß fühlen – und die anderen entlastet. Die sachliche Richtigkeit der Hausaufgaben zu prüfen, bleibt nämlich Sache des Lehrers! Die amerikanische Initiative *TIPS* (teachers involve parents in schoolwork) gibt hierzu konkrete Hinweise.

Elternkurse anregen

Aus solchen Klassenveranstaltungen könnten auch regelmäßige Gesprächskreise erwachsen, vielleicht sogar in einem größeren schulischen Rahmen. In Zeiten allgemeiner Erziehungsunsicherheit sind Eltern oft geradezu dankbar, wenn ihnen die Schule ein Forum zu pädagogischen Fragen bietet. Solch' elterliche Mit*verantwortung* ist für die Entwicklung der Kinder nämlich weitaus wichtiger als manch' formale Mit*bestimmung*. Erziehungspartnerschaft bedeutet doch zuallererst, dass jede der beiden Instanzen – Familie hier, Schule da – ihren Teil der Sache so gut wie möglich erledigt.

Verschiedene Schulen verpflichten deshalb mittlerweile ihre Elternschaft zur Auseinandersetzung mit der eigenen Erziehungshaltung. So nimmt eine Berliner Hauptschule nur noch Schüler auf, deren Eltern sich bereit erklären, an einem systematischen STEP-Elterntraining teilzunehmen; ein anderes individualpsychologisch inspiriertes Kursprogramm firmiert unter dem Kürzel KESS. In dieser Elternschule, die sich an der Arbeit *Alfred Adlers* und seines späteren Mitarbeiters *Rudolf Dreikurs* orientiert, lernen Mütter und Väter die eigene Familiensituation verstehen, sowohl die eigene »Gangart« wie auch die »Brille« des Kindes. Das versetzt sie in die Lage, Konflikte mit ihren Kindern produktiv zu entschärfen und ungünstige Entwicklungswege zu korrigieren. Ziel ist es, den Blick auf das Kind neu zu justieren und die Stärken des Kindes zu fördern. Damit grenzt sich die Schule auch in sinnvoller Weise von überzogenen elterlichen Ansprüchen ab – schließlich kann im Klassenzimmer nur mit halber Kraft gearbeitet werden, wenn Eltern ihren Erziehungsanteil schleifen lassen. Die Eltern unseres Martin etwa hätten in einem solchen Kurs erkannt, dass ihr Sohn – so lautstark und lebenslustig er sich auch gab – in Lernfragen innerlich höchst verunsichert war. Sie hätten ihn stärker ermutigt, anstatt seiner schnellen Ausrede »Kann ich nicht, mach› ich nicht!« recht- und nachzugeben.

Ob aber individualpsychologisch oder nicht: Immer sollte Elternberatung an die drei Grundbedürfnisse von Kindern erinnern, für die der amerikanische Kinderpsychologe *Bruno Bettelheim* in seinem Buch »Liebe allein genügt nicht« so schlichte wie ergreifende Worte gefunden hat:

▶ Du bist beim Lernen nicht allein.
▶ Du kannst in der Welt viel Faszinierendes entdecken.
▶ Du kannst unangenehme Situationen aushalten.

Bekanntlich sieht der Erziehungsalltag in vielen Familien anders aus, und zwar quer durch alle Schichten: Bettelheims kinderfreundlicher Dreiklang klingt oft nur unsicher an, nicht selten mischen sich Misstöne hinein, bisweilen ertönt gar schrille Dissonanz.

Denken wir noch einmal an Martin zurück, den beinahe entgleisten Jugendlichen. Seine Eltern hatten bei den schulischen Beratern zunächst Verständnis gefunden, dann aber auch klare Anregungen für die familiäre Begleitung von Martins Schulentwicklung erhalten. Sie hatten mitgeholfen, ein dichtes Betreuungsnetz für den Jungen zu schaffen, ja sie hatten sich sogar in begleitenden Gesprächskreisen eine neue elterliche Haltung erarbeitet. Es gab wenig Formblätter in diesem Fall, dafür war viel gesprochen worden. Eine psychologische Perspektive war der Pädagogik zu Hilfe gekommen, und auf diesem Boden konnten die unterrichtlichen Bemühungen wieder Früchte tragen.

Strahlender Winkel

Meine Klasse hat mir gratuliert – und wie, ganz enorm. Ich sehe sie noch vor mir: rechts die Jungen, links die Mädchen, in zwei Reihen, wie ein stumpfer Winkel um das Klavier, an dem unsere sprühende Musiklehrerin schon die Rechte zum Einsatz hebt. »Heute feiern wir Geburtstag, darum singen wir ein Lied, …« Zögernd, dann aber doch erstaunlich fest und recht sauber beginnen die Jungen, den Refrain dieses schönen Liedes anzustimmen. Welche Kraft sie jetzt ausstrahlen, die sonst vor lauter Coolheit manchmal zu platzen scheinen! Schon setzen darüber die hellen Mädchenstimmen ein – »Auf dass du auch an trüben Tagen immer einen Lichtblick siehst! Auf dass du auch in schweren Stunden niemals ganz alleine bist!« – wunderbar, die Jungs halten die Basslinie tapfer durch, zwei oder drei Mädchen zieren sich noch, einigen gefällt aber wohl die ungewohnte Anrede – »Duuuu – bist heut nicht allein, und so soll es immer sein – Duuuu!« Jetzt nur nicht klatschen, das wäre viel zu abgegriffen – wir sind ja nicht in einer Sitcom, wo auch jeder Pups bejubelt wird, damit die Leute nicht merken, wie langweilig es eigentlich ist. »Danke«, sage ich verhalten und sehe sie der Reihe nach an, ich glaube, sie spüren die stille Freude, »vielen Dank! Ihr habt mir gerade einen selten schönen Tag bereitet!«

Das Präsent kam natürlich nicht aus heiterem Himmel. Ich war immer unzufriedener damit geworden, dass wir an Schülergeburtstagen nur »Happy birthday« herunterleiern konnten. Wenn Eltern mit ihren Kindern wenig singen und auch am Musikunterricht kräftig gespart wird, dann kennen Jugendliche nachher eben auch keine Lieder. Aber es fehlt ihnen dann etwas. Und deshalb hatte ich die Klasse vorgestern gefragt, ob ich mir zum Geburtstag etwas wünschen dürfe – dass sie für mich ein Lied einstudieren.

Dies ist aber nur der erste Teil der Vorgeschichte. Der zweite begann vor acht Wochen, am letzten Tag des vorigen Schuljahres. Kaum waren die Zeugnisse ausgeteilt und mein Schlusswort gesprochen, stürmten alle hinaus – nicht ohne zuvor stundenlang allen Freunden um den Hals zu fallen. Ich selbst blieb mit einem merkwürdigem Gefühl zurück: Nur fünf von ihnen hatten sich von mir verabschiedet; die anderen sahen den Klassenlehrer anscheinend nur als Dienstleister – jedenfalls nicht als Person, der man ein kleines Echo geben könnte, der man vielleicht etwas zu verdanken hat. Früher nahm ich so etwas persönlich, war traurig oder sauer oder deprimiert, habe mich gefragt, ob die Schüler mich zu wenig mögen würden oder ich mein Amt nicht gut genug versehen hätte.

Je souveräner man ist, desto eher wird einem klar, dass solch' sang- und klangloses Verschwinden nichts mit einem Manko auf Lehrerseite zu tun haben muss, sondern auf einen Mangel bei den Kindern hindeuten kann. Immerhin sind sie jetzt fünfzehn! Ob nun verwöhnt oder vereinsamt – für diese Schüler muss man mit Humor Begegnungen inszenieren, in denen sie erleben können: Die andere Seite lässt sich die Rolle des Dieners nicht gefallen, sie ist ein Mensch, der ebenfalls Respekt verdient.

Tja, und deshalb habe ich der Klasse mein Unbehagen nach den Ferien auch kundgetan. Ich hatte mich wirklich auf sie gefreut und habe zu Beginn mit ihnen über Urlaubseindrücke geplaudert. Dann bin ich auf meine Kollegen zu sprechen gekommen: Dass ich mich von manchen am letzten Schultag per Handschlag verabschiedet, andere noch am ersten Ferientag angerufen und ihnen gute Erholung gewünscht – und dem ein oder anderen auch eine Ansichtskarte vom Meer geschickt habe. Und damit schwenkte ich zu ihnen: Dass 20 von ihnen das bei mir eben nicht gemacht hätten. Und dass mich das traurig gestimmt habe, obwohl es sicher keine böse Absicht gewesen sei. Aber vielen sei anscheinend nicht klar, dass ihr Tun oder Lassen auf andere durchaus eine Wirkung habe. Und dass viel davon abhänge, ob sie im Leben immer nur an sich denken oder auch ihr Gegenüber im Auge haben würden.

Vielleicht haben sie sich ja auch deshalb beim Ständchen besondere Mühe gegeben. Natürlich hatte ich auch Zweifel, ob so ein Wink mit dem Zaunpfahl nicht peinlich ist. Aber ist nicht die eigene Person unser bedeutsamstes Instrument, um Halbwüchsigen zusätzlichen Schliff zu geben?

*Sie wollen gar nicht frei sein – sie wollen
herausgefordert werden, damit sie nachher stark sind.
Warum muss es denn immer lustig sein?
Das Ernsthafte ist es, was Spaß macht!*
　　　　　　　　　　　　　　　Royston Maldoom

Epilog:
Was ist schulpädagogischer Eros?

Lehrerkonferenzen sind oft alles andere als ein Ort pädagogischer Reize. Man hat so wenig Gelegenheit, sinnvoll aktiv zu sein. Und dann darf das Kollegium lediglich ein Problem debattieren, dessen Lösungsart für die Schulleitung längst festliegt. Irgendwann soll es einem findigen Zyniker gelungen sein, die Aufmerksamkeit der Lehrer dramatisch zu steigern. Er verteilte an jeden ein Raster, auf dem die gängigsten pädagogischen Floskeln notiert waren: Projekt, Evaluation, selbstständige Schule, Kompetenz, Qualitätssicherung, Handlungsorientierung, Fortbildung, Rückmeldung, Budgetierung, Steuergruppe, eigenverantwortliches Lernen. Fiel das entsprechende Wort während einer Konferenz, kreuzte man es an. Hatte man horizontal, vertikal oder diagonal fünf Kästchen in einer Reihe, sollte man aufstehen und laut »Bullshit« rufen – für die Ängstlichen gab's als Alternative »Bingo«. Die Wirkung soll verblüffend gewesen sein – eine Internetseite vermeldet Reaktionen wie »Der Schulleiter war sprachlos, als fünf Kollegen zum dritten Mal während der Lehrerkonferenz ›Bullshit‹ riefen« oder »Was für ein Spiel! Nach meinem ersten Sieg sind Konferenzen nicht mehr dasselbe für mich« oder »Die Atmosphäre während der letzten Dienstbesprechung war zum Zerreißen gespannt, als sechs von uns auf das letzte Kästchen warteten.«

　Da geht es im Kino doch bisweilen reizvoller zu. Nein, weniger pädagogische Actionstreifen wie »Saat der Gewalt« oder »Club der toten Dichter«, in denen es tollkühne Helden mit gewaltbereiten Schülergangs oder verknöcherten Anstaltsleitern aufnehmen. Eine belebende Stimme in Sachen Schule erhebt beispielsweise der französische Dokumentarfilm »Sein und Haben – Etre et Avoir«. Beinahe zwei Stunden entführt einen dieser Film in den Alltag einer einklassigen Dorfschule in der Auvergne, ganz nah, sehr anrührend – und so spannend, dass man den Abspann bedauert. In sehr langen, geduldigen, oft auch stillen Einstellungen sieht man dem alten Lehrer und einem Dutzend Kinder bei ihrer Arbeit zu. Wie der Schulbus sie im morgendlichen Nebel in ihren weit verstreuten Weilern abholt, wie der Lehrer jeden Einzelnen begrüßt; wie er dann mit ruhiger Beharrlichkeit jeden bei seiner Arbeit begleitet und anspornt, wie er zwischendurch einen Streit moderiert, ohne dass einer der Kontrahenten sein Gesicht verliert, wie er sich behutsam nach der Erkrankung eines Vaters erkundigt, wie er beiläufig den Unsinn von Gespenstergeschichten kommentiert, gegenseitige Hilfe anregt, die Schüler schließlich in die weiterführende Schule begleitet.

Kein Medientaumel also, kein Methodenzauber, stattdessen ein Ideal schulpädagogischer Beziehungshaftigkeit: viel Verlässlichkeit, große Übersichtlichkeit, ein wenig Freiheit, genügend Ordnung, eine wohldosierte Mischung aus Respekt, Ernsthaftigkeit und guter Laune (*Becker*). Für den Lehrer ist jedes der Kinder ein unverwechselbares Einzelnes, für das er sorgfältig guten Unterricht plant – er ist ein wahrhaft »bedeutungsvoller Erwachsener« (*Bruno Bettelheim*) für sie, ein buchstäblich »erster Lehrer« (*Dschingis Aitmatow*). Ein Film also, der eine Art unaufgeregte Gegenposition zu manch' aktuellem Schulentwicklungsgetöse vorführt – und dessen Grundaussage auch jede »große« Schule, jeden jungen Lehrer enorm bereichern könnte. Solche Pädagogik wäre auch wohltuend gefeit gegen die neue »Diktatur (...) aus den Beratungsbüros und Lehrgangscentern« *(Maset)* – sie braucht sie ganz einfach nicht.

»Rhythm is it!«

Größere Bekanntheit erreichte »Rhythm is it!« – die bereits erwähnte Dokumentation der Probenarbeit von Berliner Hauptschülern für eine anspruchsvolle klassische Ballettaufführung. Die vordergründige Kernbotschaft des Filmes ist die im Genre »Jugend und Musik« übliche: Wenn gute Musik in Kinderohren gerät, kann sie deren Entwicklung begünstigen, ja bisweilen gar ihr Leben verändern. Vor allem dann, wenn aktiv musiziert oder musikbegleitend gestaltet wird, also ein vereinigendes Arbeits- und Gemeinschaftserlebnis stattfindet. Der Besucherandrang bei diesem Film war unerwartet groß, die Presse zeigte sich begeistert, wie ergreifend die biografische Bedeutsamkeit von Musik in Szene gesetzt sei: Musik tue allen Kindern gut, nicht nur den besserbetuchten; sie lasse einen über manch› aktuelles Ungemach hinauswachsen; und wer sich dem Dienst an ihr unterziehe, gewinne daran in vielerlei Hinsicht. Und das eröffne der Kunst wichtige neue Aufgaben, zumal in finanzschwachen Zeiten. Auch skeptische Stimmen waren zu vernehmen: Die Kunst werde hier doch nur als billiges Sozialtherapeutikum in Krisenzeiten missbraucht, ein Zynismus angesichts der de facto mageren Kassenlage in Sachen Kunstförderung.

Die Debatte über diesen Film blieb insofern größtenteils auf die Dimension Klang und Kind verkürzt – dabei gibt es auch eine pädagogische Botschaft, und die ist wesentlich brisanter. Denn Tanz und Rhythmus alleine hätten es gewiss nicht vermocht, 250 Schlüsselkinder derart einschneidend aus ihrer Alltagstristesse zu entführen. Mit von der Partie waren eben auch gewisse Mittler zwischen Kunst und Kiez – Pädagogen, die mit anscheinend glücklicher Hand den Kindern die Kraft des Schönen erst zugänglich machten und diesen dadurch bedenkenswerte Entwicklungsimpulse zuteil werden ließen. Denn es war die Arbeit mit dem gleichermaßen zugewandten wie strengen Tanzpädagogen Royston Maldoom, die die Jugendlichen bisherige Grenzen überschreiten und Ansätze zu einem neuen Selbstbewusstsein aufkeimen ließ. Und dessen Arbeitsweise hätte die Aufmerksamkeit aller pädagogisch Wirkenden verdient!

Royston Maldoom, ein britischer Choreograph, demonstriert zunächst einmal ein schier unerschütterliches Zutrauen in die Fähigkeiten der Jugendlichen, ein unüberhörbares Wissen um die noch ungehobenen Schätze in ihnen. »Du kannst es schaffen, aber du weißt es noch nicht«, eröffnet er etwa einem jungen Mann, und man erlebt förmlich mit, wie dieser durch alle Unsicherheiten und Zweifel zu wachsen beginnt. Sodann fällt die fachliche Begeisterung dieses »social artist« auf: »Der Tanz ist nur deshalb zu meinem Leben geworden, weil ich Spaß an der Ernsthaftigkeit habe.« Einem solchen Pädagogen zuzusehen wirkt einfach wohltuend – weil er an bewährte pädagogische Standards erinnert, die manchem Lehrer angesichts wachsender Klassengrößen und zunehmenden Evaluationsdrucks ein Stück weit aus dem Blick geraten sein mögen. Der selbstbewusste, authentische Fachmann – ein bedenkenswertes Gegengift gegen den zunehmenden Einfluss des »pädagogisch-industriellen Komplexes« (*Giesecke*) und seine multimedialen Verlockungen!

Die Faszination dieses Films hat indes noch einen weiteren Kristallisationspunkt. Der Tanzpädagoge ist nämlich nicht nur ungemein zugewandt und ermutigend, er stellt auch hohe Anforderungen – und er leitet die Probenarbeit mit merklicher Strenge. Hartnäckig, ja geradezu unerbittlich versucht er, die Geschwätzigkeit der jungen Leute zu stoppen und sie auf sich selbst und die anstehende Aufgabe zu konzentrieren. »Be quiet, please!« insistiert er immer wieder. In der Stille liege eine ungeheure Kraft, sagt er im Interview, und diesmal ist das keine Zeitgeistfloskel. Wenn die Jugendlichen es schaffen würden, einander äußerlich mehr loszulassen und sich dafür innerlich stärker zu sammeln, dann könnten sie demnächst jede Bewegung tanzen – und auch noch ganz Anderes in Angriff nehmen.

Auffallend viele Lehrer besuchten diesen Film, oft erschienen sie gleich mit ihren Klassen, nicht wenige gar mehrfach – und mancher wirkte nachher eigentümlich betroffen. Vielleicht weil er den Gedanken nicht von der Hand weisen mochte, dass solche Konzentration durch herzliche Strenge gewiss nicht nur tanzförderlich sei, sondern ebenso anderen Fächern zu Gute kommen könnte. Auch in Mathematik und Biologie, Englisch oder Geschichte entschwindet jugendliche Energie ja allzu oft durch den Mund, statt im Gehirn zu wirken. Das Konsensideal der jüngeren Pädagogik hat es engagierten Lehrern indes ziemlich schwer gemacht, die Anforderungen der Sache un-verschämt zu vertreten und Aufmerksamkeit dafür einzufordern. Vielleicht rührt des Zuschauers Betretenheit also auch daher, dass der Choreograph eine Einsicht zu formulieren wagt, die vielen pädagogischen Zeitschriften lange Zeit suspekt war – von denen der Lehrer aber weiß, dass sie ins Schwarze treffen: »Wir können Heranwachsenden gegenüber zwar so tun, als sei Disziplin unwichtig, aber das ist nicht fair – denn ohne Disziplin hat keiner von ihnen eine Zukunft.« Zumeist müsse diese zuerst von außen an sie herangetragen werden, bevor sie ein Teil ihrer selbst werde. Einfach Spaß haben, das führe nicht weit; wer sich aber zum Spaß an der Ernsthaftigkeit durchkämpfe, der könne sein Leben verändern. »Man muss sie die Erfahrung machen lassen, dass sich durch harte Arbeit etwas erreichen lässt.«

Das ist es wohl, warum »Rhythm is it!« so viele Lehrer anzieht – und auch beunruhigt: Weil er die lange verdrängten Selbstzweifel und Sehnsüchte der pädagogischen Zunft anspricht. Johann Sebastian Bach kommt einem da unwillkürlich in den Sinn, der von sich schrieb: »Ich habe stets fleißig sein müssen, wer fleißig ist, wird es ebenso weit bringen.« Oder die oben genannte Devise von Pablo Picasso: »Ich sage mir ganz oft: Das ist noch nicht gut genug, das kannst du noch besser machen, versuch es noch einmal.« Bekanntlich bringt aber bei Weitem nicht jeder Heranwachsende die Kraft zu solcher Disziplin von sich aus auf – soll das dann der Scheideweg für Lebenschancen sein? Die meisten Kinder profitieren jedenfalls davon, wenn Lehrer mehr von ihnen verlangen, als ihre momentane Lernlust hergibt, wenn sie also ihre Kräfte herausfordern und ihnen gehörige Anstrengungen zumuten.

Damit untermauert der Film auch eine eminent wichtige, aber noch zu wenig verbreitete Antwort auf die drängende Frage, warum Schulleistungen in Deutschland so abhängig von der sozialen Herkunft der Kinder ausfallen. Eben nicht, weil wir zu wenig Gesamtschulen oder Klassencomputer hätten. Sondern weil sich hierzulande eine Pädagogik der Verschonung und Enthaltsamkeit etabliert hat, die gerade den Kindern aus bildungsferneren Elternhäusern nicht genügend Kraft und Konzentration für den Sprung ins Anspruchsvolle verleiht. Auch der Lehrer im Kinosessel wollte einmal emanzipatorischer sein als die Lehrer früherer Zeiten – nun dämmert ihm womöglich, dass er im pädagogischen Bermuda-Dreieck von Verwöhnungsfalle, Selbstständigkeitsillusion und Strengetabu viel Zeit verloren hat. Schülern viel zuzutrauen, das war ihm niemals schwergefallen, das kostete ja nichts. Ihnen aber auch viel abzuverlangen, das hatte nicht zu seinem romantisierten Ideal von Kindgemäßheit gepasst. Dabei wollen Heranwachsende sich gerne anstrengen, sie brauchen dazu jedoch genau diese Bipolarität eines ermunternden Gegenübers. Das war es, woran uns kürzlich *Bernhard Bueb* mit seiner Formel vom »Recht der Jugend auf Disziplin« erinnern wollte.

Paradoxerweise ist uns gerade im »Jahrhundert des Kindes« das Wissen darum verlorengegangen, dass es Heranwachsende überfordert, wenn sie zu früh selbst entscheiden müssen, was für ihre Entwicklung gut ist – anscheinend wurde das Kind mit dem Bade ausgeschüttet. Glücklicherweise geben neuere Befunde der Hirnforschung Anlass, unsere entwicklungspsychologische Vergesslichkeit zu überdenken. So legt uns »Rhythm is it!« eine wohltuende Revision des Lehrerleitbildes ans Herz. Der gute Lehrer, das ist weder ein autoritärer Pauker noch ein konsensorientierter Kumpel – aber auch kein distanzierter Lernmoderator, der hinter Materialfluten unsichtbar wird. Es ist ein zugewandter und ermunternder, aber auch konfliktfähiger Meister des beziehungsreichen Unterrichtens.

Man muss es fast tragisch nennen, welche Frage im Internetforum zu diesem Film besonders breiten Raum einnahm: Ob er nicht auf besonders raffinierte Weise autoritäre Beeinflussung glorifiziere, ja womöglich einer faschistoiden Funktionalität das Wort rede. So lang sind die Schatten des braunen Desasters in Deutschland! So schwer ist es vielleicht auch für die Pädagogik, sich von ihrer Vergangenheit zu emanzipieren ...

»Frontbericht aus dem Klassenzimmer«

Auch im Buchladen findet sich – zwischen Unmengen an pädagogischer Illusionsliteratur – bisweilen ein Hohelied auf den gemeinen Lehrer, wenn auch manchmal ein wenig versteckt. Packend erzählt etwa die Kunstpädagogin *Ursula Rogg* vom Alltag in einem Berliner Prekariats-Gymnasium: ihr zunächst engagiertes und kreatives Wirken im Unterricht, ihre Gedanken über Lebenswelt und mentale Verfasstheit heutiger Jugendlicher, die dann anschwellende Erschöpfung, schließlich die finale Enttäuschung, weniger über die bildungsfernen Schüler als über die nur Mängel verwaltende Behörde. Also ganz das Gegenteil einer bildungspolitischen Sonntagsrede, zunächst gar eine Art Chronik des Scheiterns, dennoch alles andere als ein Frustbuch – eigentlich ein nachdenklicher Gang durch die Niederungen (nicht nur) großstädtischer Bildungslandschaften, mit dem Blick eines Nebenfachlehrers, dem noch nicht einmal die Macht versetzungsrelevanter Noten gegeben ist. Dass die Autorin einer gänzlich anderen Welt – Stichwort bayrische Klosterschule – entstammt, sollte man ihr nicht vorwerfen, sondern danken: Oft zeigt ja erst die Perspektive von außen, an welche Innenwelten man sich bereits gewöhnt hat. Und dass hier jemand berichtet, dessen Profession die Analyse von Bildhaftem ist, tut der Sache nur gut: Die Kunstlehrerin ist eben gewohnt, die sichtbaren Verhältnisse nicht nur hinzunehmen, sondern hinter die Kulissen zu blicken. Nach der Lektüre dieses Buches lassen einen verschiedene Fragen nicht mehr los, etwa diese: Wieso finanzieren wir eigentlich immer mehr Soldateneinsätze in aller Welt, glauben aber, Familienerosion, Ethnomix und Betreuungsexpansion mit höchstens ein paar Euro mehr bewältigen zu können? Sollte man seinen Abgeordneten vor der nächsten Bundestagswahl nicht einmal mit diesem Paradoxon konfrontieren?

Die wenigsten Lehrer werden mit Roggs Schule tauschen wollen. Aber von ihrer Haltung könnte sich mancher eine Scheibe abschneiden. Denn die Pädagogin lehnt die Heranwachsenden trotz ihres Desinteresses und ihrer Distanzlosigkeit keineswegs ab, ihre innere Stimme sagt ihr vielmehr, »sie wissen noch nicht, wie sehr sie mich brauchen werden« – so kann pädagogischer Eros klingen. Andere mögen auf solch' kulturell Verwahrloste innerlich herabsehen oder stur den Lehrplan durchsetzen, sie indes beginnt Brücken zu ihnen zu schlagen, schießt kleine Verlockungspfeile aus dem Reich des Wissens in die Zone der jugendlichen Begriffsarmut. Und noch etwas ist bemerkenswert: Rogg macht ständig die Erfahrung, dass »klare Ansage« von den Schülern nicht als drückend empfunden wird, sondern als haltend und ermutigend. Nach einer kleinen Formationsübung »auf Kommando« äußern die zuvor höchst gelangweilten Schülerinnen, das habe jetzt »richtig Spaß gemacht«. Diese förmliche Lust auf gute Disziplin – sie klang ja bereits im Film »Rhythm is it!« an.

Eine selbstbewusste, kreative, einfühlsame Pädagogin – natürlich kann sie alleine die Bildungswelt nicht retten. Gäbe es aber mehr von ihrer Sorte, dann winkte dem Bildungsreformgewusel wohl öfters ein heilsames Stocken: Direktoren würden vor allem solche Initiativen aus der Lehrerschaft honorieren, die der Unterrichtsqualität nachhaltig nützen; Schulräte könnten nur noch solche Fortbildungen genehmigen, die man mit wirklich brauchbaren Ideen verließe; Ministerpräsidenten müssten endlich genügend Mittel für individuelle Förderung bewilligen. Sage keiner, das wäre nichts.

Natürlich hat Roggs Schrift gegen das Schönfärben, gegen das Auseinanderdriften von aufgeklärten Bildungszielen und verwahrlosten bzw. vormodernen Lebensformen auch heftige Kritik provoziert. Von Nestbeschmutzung war die Rede, von Undifferenziertheit. Anscheinend gibt es sie auch in der Bildungspolitik, die Differenzierungsfalle.

Glücksgriff Lehrer!

Warum bin ich eigentlich immer noch gerne Lehrer, auch nach knapp 30 Dienstjahren? Drei Jahrzehnte zwischen Tafel und Schülertischen, zwischen dem häuslichen Arbeitszimmer und dem Konferenzraum in der Anstalt. Ständig unter jungen Menschen, die sich 'mal faul und 'mal wissbegierig, 'mal brav und 'mal unruhig gebärden. Denen ich das Kürzen von Brüchen nahezubringen suchte oder die Eleganz mathematischen Argumentierens, die Pinselhaltung beim pointillistischen Malen oder die universale Verbreitung des Goldenen Schnittes. Und die allesamt – jeder auf seine Weise – in ihrem Ringen um's Großwerden liebenswert waren und sind ...

Vor Kurzem beschrieb der Jungredakteur einer regionalen Tageszeitung, warum es ihn trotz bester Einstellungschancen keineswegs gelüste, den Beruf des Lehrers zu ergreifen. Teenager, die auf alles Lust hätten, nur nicht auf Lernen; Eltern, die bei schlechten Noten gleich mit dem Anwalt anrückten, ansonsten aber umfangreiche Nacherziehung erwarteten; eine Schulbehörde, die anspruchsvollere Lernziele in weniger Zeit mit volleren Klassen zu erreichen vorgebe. Und dann noch die geringe gesellschaftliche Akzeptanz ...

Der gute Mann hat zur Hälfte Recht – Lehrer sein ist verdammt harte Arbeit. Aber auch eine sehr schöne. Nein, ich meine jetzt nicht die langen Ferien – jeder weiß ja, dass das nur ein Ausgleich für durchkorrigierte Abendstunden und Wochenenden ist. Es geht um etwas anderes: Jungen Menschen das Wurzelziehen beizubringen oder ihre Probleme beim Interpretieren von Gedichten zu verstehen, das schenkt einem – ungeachtet aller Sorgen, Ungewissheiten und Mühen – eine eigentümliche Form von Erfüllung. Einem anderen zu helfen – früher nannte man das einmal »Gutes tun«, heute ist es für manchen als Helfersyndrom in Verruf geraten –, das verschafft ganz einfach innere Befriedigung. In Zeiten, in denen Gewinn und Konsum, Bilanz und Design unsere Werteliste anführen, sei deshalb an das Glücksangebot erinnert, das zwischenmenschliche Nähe und Fürsorge beinhalten – schon Platon sprach ja von pädagogischem Eros.

Aber man muss nicht nur nach innen sehen. Sind Lehrer nicht Menschenbildner – Künstler, die trotz aller Lehrpläne in recht unabhängiger Weise Lebendiges (mit)gestalten? Sind sie nicht Brückenbauer zwischen Generationen, Schichten und Zeiten? Schlagen sie nicht immer wieder Verbindungen zwischen Bereits-Erwachsenen und Noch-Heranwachsenden – zwischen denen, die zwar schon viel wissen, aber auch bereits erstarren, und denen, die noch offen sind, aber auch noch vieles brauchen? Jemand hat einmal gesagt, der Mensch existiere nur durch seine Werke. Das kann natürlich heißen, eine Firma zu gründen, einen Bestseller zu schreiben oder zumindest ein eigenes Häuschen zu bauen. Wenn man dagegen bedenkt, wie viele menschliche Werke ein Lehrer im Laufe seines Berufslebens mitprägt!

Und dann ist da noch etwas: Wer ein Klassenzimmer betritt und Schülern etwas beibringen möchte, geht ein Wagnis ein. Niemand kann ihm vorher sagen, wie sie heute sein werden und wie er mit ihnen wohl zurechtkommen wird. Und sollte ein Lernschritt – oder auch mal die gesamte Stunde – schiefgehen, so kann er nicht einfach vor den Kindern davonlaufen, weder für den Rest der Stunde noch endgültig. Junge Menschen sind erstens keine Maschinen und zweitens manchmal schwierig – weil weder Lernen noch Erwachsenwerden für sie ein Kinderspiel ist. Damit immer wieder auf's Neue fertig zu werden, das ist ebenso Zumutung wie auch Herausforderung – vielleicht sogar eines der letzten Abenteuer in der Wohlstandsgesellschaft.

Allerdings sind Zufriedenheit und Wirksamkeitsempfinden labile Begleiter des Lehrers. Er sät, jätet und düngt das pädagogische Feld Stunde um Stunde, Jahr für Jahr. Ob seine Saat jedoch aufgeht, das zeigt sich oft erst sehr viel später – bei der nächsten Klassenarbeit, bei einem gelungenen Schulabschluss, vielleicht gar jenseits der Schule, im richtigen Leben. Der Lehrer lebt ein Stück weit davon, sich seinen Erfolg eines fernen Tages vorzustellen – und diese Gewissheit muss er durch Unmengen kleinerer oder größerer Tiefs bewahren. Deshalb ist für diese Berufsgruppe die öffentliche Anerkennung so wichtig – nicht nur bei schulischen Highlights, sondern gerade auch im kontinuierlichen Alltagsgeschäft. Man müsste es einfach öfter anstimmen – das Hohelied des gemeinen Lehrers.

Die Finnen – unsere mehrfachen PISA-Europameister – zeigen da mehr Weitblick: Sie nennen ihre Lehrer »Kerzen des Volkes«. Und in Japan schlägt sich die Wertschätzung der Schul-Meister gar finanziell nieder: Schon Kindergärtner werden dort als sensei, als Professor angesprochen – und auch als solche bezahlt. Und was machen deutsche Kultusministerien? Sie kriegen es noch nicht einmal geregelt, den Lehrernachwuchs anständig zu organisieren. Aber vielleicht halten die hohen Damen und Herren ja auch langfristig Online-Lernspiele für günstiger, die gibt's doch jetzt schon beim Discounter ...

Literatur

Maßgebliches findet man auch in der Pädagogik oft abseits der bekannten Verlautbarungen. Eine genaue Liste der Quellen, auf die ich mich – neben meinen konkreten Unterrichtserfahrungen – gestützt habe, ist auf meiner pädagogischen Website veröffentlicht:
www.eltern-lehrer-fragen.de
Dort können Sie mir auch Ihre Gedanken zu diesem Buch mitteilen – ich bin gespannt!

Hier noch einige Anregungen zu weitergehender Literatur

Alfred Adler: Das Leben gestalten. Vom Umgang mit Sorgenkindern, 1930/2002

Alfred Adler: Individualpsychologie in der Schule, 1929/2002

Tschingis Aitmatov: Der erste Lehrer, 1966/2007

Joachim Bauer: Lob der Schule – Sieben Perspektiven für Schüler, Lehrer und Eltern, 2006

Nicole Becker: Die neurowissenschaftliche Herausforderung der Pädagogik, 2006

Don Dinkmeyer / Rudolf Dreikurs: Ermutigung als Lernhilfe, 2004

Rudolf Dreikurs: Lehrer und Schüler lösen Disziplinprobleme, 1982/2007

Hermann Giesecke: Pädagogische Illusionen. Lehren aus 30 Jahren Bildungspolitik, 1998

Hermann Giesecke: Was Lehrer leisten. Porträt eines schwierigen Berufes, 2001

Jochen und Monika Grell: Unterrichtsrezepte, 1981/2000

Rudolf und Renate Hänsel (Hg.): Da spiel ich nicht mit! Auswirkungen von »Unterhaltungsgewalt« in Fernsehen, Video- und Computerspielen – und was man dagegen tun kann, 2005

Claudia Jakobs: Die populärsten Irrtümer über das Lernen, 2009

Thomas Jahnke / Wolfram Meyerhöfer (Hg.): PISA & Co. Kritik eines Programms, 2007

Jochen Krautz: Ware Bildung. Schule und Universität unter dem Diktat der Ökonomie, 2007.

Daniel Pennac: Schulkummer, 2009

Franz E. Weinert (Hg.): Psychologie des Unterrichts und der Schule, 1997

Martin Wellenreuther: Forschungsbasierte Schulpädagogik, 2009